袁涤非　主编

礼仪文化丛书

e Etiquette Culture Book Series

形象礼仪

中国礼仪

□马丽萍　编著

东北大学出版社

图书在版编目（CIP）数据

中国礼仪. 形象礼仪 / 马丽萍编著. — 沈阳：东
北大学出版社，2018.4（2025.1 重印）
（中国礼仪文化丛书 / 袁涤非主编）
ISBN 978-7-5517-1873-8

Ⅰ. ①中… Ⅱ. ①马… Ⅲ. ①社交礼仪－基本知识－
中国 Ⅳ. ①K892.26

中国版本图书馆 CIP 数据核字（2018）第 090622 号

出 版 者：东北大学出版社
地　　址：沈阳市和平区文化路三号巷 11 号
邮　　编：110819
电　　话：024-83683655（总编室） 83687331（营销部）
传　　真：024-83687332（总编室） 83680180（营销部）
网　　址：http://www.neupress.com
E-mail：neuph@neupress.com
印 刷 者：三河市万龙印装有限公司
发 行 者：东北大学出版社
幅面尺寸：170mm×240mm
印　　张：12　　　　　　　　字　　数：158 千字
出版时间：2018 年 4 月第 1 版　印刷时间：2025 年 1 月第 2 次印刷
策　　划：郭爱民　　　　　　　责任编辑：邱 静 牛连功
责任校对：杨世剑　　　　　　　封面设计：琥珀视觉

ISBN 978-7-5517-1873-8　　　　　　　定　价：58.00 元

— 序 —

于治国而言，"治国不以礼，犹无耜而耕也"；于修身而言，"今人而无礼，虽能言，不亦禽兽之心乎?"礼仪是人内在品德修为的外在表现，在中华民族的传统美德中占有十分重要的地位。当前，中国特色社会主义伟大事业已进入新时代。"仓廪实而知礼节"，在经济社会迅速发展、国人物质生活得到前所未有满足的新形势下，礼仪文化建设作为社会主义思想道德建设的重要内容，作为培育和践行社会主义核心价值观的重要手段，弘扬与规范之，可谓恰逢其时。

中华民族是礼仪之邦，以编辑文献的形式约定礼仪规范古已有之。西汉礼学家戴圣编纂的《礼记》（又名《小戴记》《小戴礼记》），选编了秦汉以前的各种礼仪论著（如《曲礼》《檀弓》《王制》《月令》《礼运》《学记》《乐记》《中庸》《大学》等）49篇，既确立了礼仪规范的基本标准（即"傲不可长，欲不可纵，志不可满，乐不可极），又从道德仁义、教训正俗、分争辨讼、尊卑长幼、宦学事师、班朝治军、莅官行法、祷祠祭祀等方面阐述了礼仪的广泛用途，还制定了大至国家祭祀、小至家庭婚丧之丰富而具体的行为规范，影响中国1700余年。然而，我国现代礼仪文化研究起步很晚，对礼仪文化的研究还处于初级阶段。礼仪文化作为一门内涵小、外延广的边缘学科，还远远不能满足现代文明社会的需求，其科学性、系统性还有待提升到一个新的高度。我和湖南省礼仪文化研究会的各位同人，在从事礼仪文化的研究、教学、培训和推广过程中，常常因文献和教材不足而颇感遗憾。同时，作为礼仪文化工作者，我们也感到自身所肩负的重要责任。因此，我们试图通过撰著"中国礼仪文化丛书"为礼仪文化发展作一些有益的探索，怀抛砖引玉之心，为礼仪文化不断进步略尽绵薄之力。

对礼仪的分类，古已有之。传统礼仪有吉礼、凶礼、军礼、宾礼、嘉礼"五礼"之说。我们选择《公务礼仪》《商务礼仪》《服务礼仪》《医护礼仪》《形象礼仪》《生活礼仪》《言谈礼仪》《餐饮礼仪》《职场礼仪》《涉外礼仪》《儿童礼仪》作为丛书的

11 个分册，一方面是因为这 11 个专题的礼仪具有鲜明的现代社会特点，贴近日常工作和现实生活；另一方面，它们所包含的礼仪文化内涵无疑是现代礼仪的应有之义。当然，这与我们当前对礼仪文化研究业已取得的成熟成果分不开。

丛书的内容选择偏重于实践。其一，注重继承和弘扬中华民族优秀礼仪传统。中华礼仪源远流长，几千年中形成的礼仪传统符合大多数国人的心理定势，其中相当大的部分现在仍然适用。其二，单设分册介绍涉外礼仪内容。全球化是当今世界大势所趋，文化大融合不可逆转。借鉴和吸收世界各地的优秀礼仪文明，有利于在国际交往中传播中华礼仪文化、展示国人礼仪形象。其三，中华人民共和国成立已近 70 年，有必要在社会主义核心价值观和公民道德规范框架下，建立新时代中国特色社会主义礼仪规范体系。我们尝试从贴近大众生活的 11 个方面入手，探索建立一套切实可行的，能提升公民道德修养、提高社会文明程度的礼仪规范，并通过我们的教学、培训和读者的阅读，身体力行予以弘扬。其四，除了社会大众需要遵守的一般礼仪规范，我们还根据部分特定场合、特定人群、特定职业的不同特点，有针对性地总结和制定了一些针对特殊需要的礼仪规范，以增强"中国礼仪文化丛书"的实用性，更好地指导人们把学到的礼仪规范运用到生活和工作中。

参与丛书撰写的 33 位作者，都是湖南省礼仪文化研究会的中坚力量。他们不仅是长期从事礼仪教学、研究的优秀学者，还是在医疗护理、企业管理、市场营销、心理咨询、幼儿教育等一线工作的佼佼者。他们既有较深厚的理论功底，也有丰富的实践经验。丛书凝聚着作者们的智慧及心血。那些娓娓道来的礼仪阐释、生动有趣的礼仪案例、标准规范的礼仪影像，一定能让读者诸君学有所获、学有所用，使大家成为真正有修养、有品位、有风度、有气质，懂得爱己爱人的现代人。

袁涤非

2018 年 4 月于岳麓山下

目 录
Contents

第 四 章　形象礼仪的仪态表达

第一章

绪论

　　在现代社会中，礼仪往往是衡量一个人文明程度的准绳，是一个国家社会风气的现实反映，是一个民族精神文明和进步的重要标志。礼仪已经渗透到社会生活的各个环节、各个领域，无论是对个人、对国家，还是对社会的发展，都起着越来越重要的作用。本章着重介绍中国礼仪的起源和发展，明确了礼仪的内涵和定义，阐述了礼仪的特征、功能、作用，最后介绍了礼仪的重要组成部分——形象礼仪。

　　形象礼仪就像是礼仪这棵"大树"上长出的婆娑枝丫，婀娜多姿。它是人们在人际交往中，用以维护集体形象，尤其是个人形象，对交往对象表示尊重和友好的行为规范和惯例，是与人交往的第一张名片。怎样打好这张名片，既是一门学问，更是一种艺术；既需要系统的学习，也需要用心感悟，更需要实践。在本书中，我们用大量的案例、图片和视频，让读者较直观地感受，在不同的场合中怎样让自己的形象得体优雅。

第一节　礼仪概述

案例导入

1995 年的冬天，如果我再找不到工作，灰溜溜地从英国回国几乎成为唯一的选择。

可我再一次被拒绝了。想起那个面试官的表情，我非常抓狂。她竟然说我的形象和简历不相符，拒绝继续向我提问。很明显，因为穿着问题，我被她鄙视了。我发誓我可以用工作能力让她收回对我的鄙视，但我没有得到表现工作能力的机会。

我的房东莎琳娜太太是一个很苛刻的中年女人。她规定我必须晚上 11 点之前熄灯睡觉，如果我不穿戴整齐就不准进入她的客厅，甚至规定我在她有客人来访的时候必须涂口红。所有人都说，莎琳娜是最好的寄宿房东，可我看不出她好在什么地方。比如，当我很多次面试失败回来后，厨房里一点儿吃的都不会有；如果我上楼发出声音，她会站在卧室门口很大声地指责我。

晚上，我刚刚洗完头发，坐在床上一边翻看报纸上的招聘信息，一边吃我带回来的面包——这违反了莎琳娜的原则。她冲上前来，一把夺过我的面包和报纸，用英语大吼："你这个毫无素质的女孩，给我出去！"

于是，我披散着头发，来不及换掉睡衣，直接裹上大衣冲出了门。25 年来，从来没有人说我没有素质。

我愤怒地冲进一家咖啡馆。天气实在太冷，我也很饿。咖啡馆里的人居然很多，侍者带着一种奇怪的眼神把我引到一个空座位边——那是咖啡馆里唯一的空座位。我的对面是一个英国老奶奶，她看起来比莎琳娜更加讲究，就像伊丽莎白女王一样尊贵与精致。我看到她裙子下漂亮的丝袜和高跟鞋，不由地收起自己宽松睡裤下的运动鞋。以她这样的年纪，却仍然把这样的鞋子穿得非常迷人。

在欧洲的很多高级餐厅里，衣衫不整是被拒绝进入的。我想，我能进来的原因大概是我穿了价值不菲的大衣。我不由得暂时收起自己的愤怒，说："给我一杯热咖啡。谢谢！"

侍者走后，对面的老奶奶并不看我，而是从旁边拿了一张便笺，写了一行字递给我。那是非常漂亮的手写英文："洗手间在你左后方的拐弯处。"我抬头看她，她正以非常优雅的姿势喝咖啡，没有看我半眼。我非常尴尬。

我的头发被风吹得非常凌乱，我的鼻子旁边甚至还沾了一点儿面包屑。虽然我的大衣质地非常好，但我的睡裤很旧。我第一次有点儿看不起自己——这样的打扮，我有多么不尊重自己，以致别人觉得我也不尊重他。我想起下午去面试时自己的日常便装，那应该是对一个高级经理职位的不尊重吧。

当我再回到座位的时候，那个老奶奶已经离开了。那张留在餐桌上的便笺上，多了另一行漂亮的手写英文："作为女人，你必须精致。"我逃也似地离开了那家咖啡馆。莎琳娜竟然坐在客厅里等我，一见到我，她就对我说，我超过了晚上11点才回来，所以明天必须去帮她清洗草坪。我答应了她，并向她道歉。

我发现莎琳娜教了我许多有用的东西：晚上11点之前睡觉能让我第二天精力充足，穿戴整洁美观能让别人首先尊重我，穿高跟鞋和使用口红使我得到了更多绅士的帮助。我开始感觉自己变得非常自信了，我不再希望别人通过看我的简历来判断我是不是有能力。

我最后一次面试，是应聘一家大化妆品公司的市场推广职务。我得体的着装打扮为我的表现加了分。精致干练的女上司对我说："你非常优秀。欢迎你的加入。"

就职以后，我没有想到，我的上司居然就是我在咖啡馆里遇到的那位英国老奶奶。她非常有名，是这个化妆品牌的销售女皇。

我对她说："非常感谢你！"她那句"作为女人，你必须精致"让我印象深刻，虽然她没有认出我。

你必须精致，这是女人的尊严。

一、礼仪的起源与发展

中华文明上下五千年，中国素有"礼仪之邦"的美誉。五千年的悠悠岁月中，随着生产力水平的提升、社会的发展，人类社会化属性的日益增强，礼仪文化的内涵日渐丰富，终于达到今日之博大精深。但这种发展并未呈现出直线上升的趋势，其间的曲折跌宕，一如中国波澜壮阔的历史。

（一）礼仪的起源

从原始社会起，礼仪之根就开始萌芽，但当时的礼仪主要是一些礼节。最早的礼节用于对神灵的祭祀，所以就有了"礼立于敬而源于祭"的说法。

原始时期的人类面对变幻莫测的大自然，显得十分稚弱，无法解释千变万化的自然现象和突如其来的自然灾害，因此认为是鬼神、祖先在主宰人类的一切。人们开始用当时的一些精致、豪华的食具作为礼器进行祭祀，以表示他们对神灵、对祖先的敬畏，祈求保佑，祈求平安。这种祭祀活动可以看作礼仪的萌芽。

同时，随着家庭的形成，做父母的要抚养和关爱幼小的尚不能独立生活的子女；子女长大成人之后，则要赡养年迈的父母；兄弟姐妹之间也要互相关爱。早在尧舜时期，"五礼"（即父义、母慈、兄友、弟恭、子孝）就已形成，这对家庭成员之间的关系做出了明确的规定。这时，礼仪把家庭成员的言谈举止规范化了。

在社会活动中，人与人之间也渐渐形成了最初级、最原始的礼仪。在狩猎、耕种和部落之间的争斗中，同一群体中的人通过用眼神、点头、拉手等来示意互相之间如何配合。日常生活中，人们不自觉地用击掌、拥抱、拍手来表达欢快的感情，用手舞足蹈来表示狩猎获得食物的喜悦。人们之间这种相互的呼应、关照，逐步形成了一种习俗，这便是最初待人接物的礼节（现在的握手礼就始于原始社会），所以，礼仪成为当时人们交往沟通的一种"语言"。

原始社会后期，随着社会的发展，人们在生产和生活中的分工越来越细，于是产生了发号施令的领导者和服从安排的被领导者。为了维护领导者的地位，体现领导者和被领导者的等级差别，出现了尊卑有序、男女有别。例如：左尊右卑；在重大场合上，习惯以主人或东道主的左侧方位为尊位，其右侧为卑位。此时，礼仪又成了维系等级差别的需要，成为领导者教化子民、维持领导地位的工具。

所以，礼仪在萌芽时期，主要用于祭祀、规范家庭成员言行举止、人际交往中待人接物以及维护领导者的统治地位。

（二）礼仪的发展

每当中国进入一次大变革、大发展的历史时期，礼仪也随着时代的变迁而不断演变、充实和更新。漫长的礼仪文化发展史，可以大致分为礼仪孕育时期、礼仪形成时期、礼仪变革时期、礼仪鼎盛时期、礼仪衰落时期及现代礼仪时期。

1. 礼仪孕育时期

礼仪起源于距今百万年前的原始社会时期，随着人类逐渐进化而不断丰富、演变。在原始社会中、后期就孕育出早期礼仪的"胚胎"。比如，距今约1.8万年前的北京周口店人，已经会使用穿孔的兽齿、石珠作为装饰品，穿戴在脖子和手上。他们还会向逝去的族人周围撒放赤铁矿粉，以表示对族人去世的哀悼，这也可以说是中国历史上出现最早的宗教葬礼。

2. 礼仪形成时期

公元前21世纪至公元前771年，中国由金石并用时代进入青铜器时代。金属器皿的使用，把农业、畜牧业、手工业生产带到一个全新的时期。随着生产水平的大幅提高，除消费外，开始有了剩余，于是有了不劳而获的统治阶级与辛苦劳作的被统治阶级，由此产生了阶级对立，原始社会彻底瓦解。

在这个时期，由于中国刚从原始社会进入早期的奴隶社会，尊神活动仍被延续，并有日渐升温的趋势。在原始社会，由于缺乏科学知识，人们对于许多自然现象还不太理解，因此他们敬畏和祭祀"天神""河神"。在某种意义上，早期的礼仪是指原始社会人类生活的若干准则，也是原始社会宗教信仰的产物。

直至周朝，礼仪开始有所建树。周武王、辅佐周成王的周公，对周代礼制的确立都起到了重要作用。他们制作了礼乐，将人们的行为举止、道德情操等全部纳入当时的社会体制中，形成了一个尊卑有序的社会。《周礼》是中国流传至今的第一部礼仪专著，整理了周朝的官职表，用于讲述周朝的典章制度。由此可见，许多基本礼仪在商末周初便已基本形成。

在西周，青铜礼器已开始盛行，它是个人身份的象征——礼器的多寡代表身份地位的高低，显示权力的等级。在当时，贵族身上一般都佩戴成组的玉石，以显示身份地位。同时，尊老爱幼这类深入人心的礼仪规范在西周已蔚然成风，如当时孔子的"入则孝，出则悌，谨而信，泛爱众，而亲仁，行有余力，则以学文"，孟子的"老吾老以及人之老，幼吾幼以及人之幼"等都成为教育后人尊老爱幼的名言警句，至今也是人们的行为准则。所以，西周时期应该是礼仪的形成时期。

3. 礼仪变革时期

春秋战国时期，以孔子、孟子为代表的儒家系统地阐述了礼仪的起源、本质和功能。儒家文化一直主导着我国封建社会，影响达几千年之久。儒家思想宣扬"礼教"，提出以"修身""真诚"为本，认为在各种伦理关系中，对人诚实无妄才是"礼"的最高境界。孔子非常重视礼教，将"礼"作为治国、安邦、平天下的基础，他倡导用"礼"来约束和规范人的行为准则，认为："不学礼，无以立。""君子义以为质，礼以行之，孙以出之，信以成之。君子哉！"意思是说：君子要以义作为根本，用礼加以推行，语言表达要谦和，待人处世态度要真诚，这才称得上是谦谦君子。孟子提出"五伦"（即君臣、父子、兄弟、夫妇、朋友五种人伦关系），倡导父子之间有骨肉之亲，君臣之间有礼义之道，夫妻之间挚爱而又内外有别，老少之间有尊卑之序，朋友之间有诚信之德。这是处理人与人之间关系的道理和行为准则。这一时期，除儒家之外，还有其他思想主张，如：道家崇尚自然无为、独善其身，主张废除一切礼仪；法家推崇强权政治，主张以法代礼；墨家主张平等、博爱、利他，以义代礼。各家的主张虽然不同，但正是这种百家争鸣、各种思想相互吸收和融合，才使礼仪的内涵发生了较大的变革。所以，春秋战国时期是礼仪的变革时期。

4. 礼仪鼎盛时期

公元前221年，中国历史上第一个中央集权制的封建王朝——秦朝——建立了。秦始皇在全国推行"书同文""车同轨""行同伦"，成为延续两千余年的封建体制的基础。

西汉初期，思想家董仲舒把封建专制制度的理论更加系统化，提出了"唯天子受命于天，天下受命于天子"。他把儒家礼仪概括为"三纲五常"，即"君为臣纲，父为子纲，夫为妻纲"和"仁义礼智信"。他还提出了"罢黜百家，独尊儒术"的思想，让儒家礼教成为了定制。

汉代，一部包罗万象、堪称集上古礼仪之大成的《礼记》问世，它把奴隶社会和封建社会的礼仪汇集成册，成为封建时代礼仪最经典的著作。其中，有讲述古代风俗的《曲礼》，有谈论饮食和居住文化的《礼运》，有记录家庭礼仪的《内则》，有记载服饰礼仪的《玉澡》，有论述师生礼仪的《学记》，还有教授人们道德修养的《大学》。《礼记》对礼仪分类论述，内容十分丰富。

唐宋时代，《礼记》已由"记"上升为"经"，出现了以儒家思想为基础，融合道学、佛学思想的理学，朱熹便是其中的主要代表人物。他指出："仁莫大于父子，义莫大于君臣，是谓三纲五常之本。人伦天理之至，无所逃于天地间。"这一时期对于家庭礼仪的研究也是成果颇丰。在大量的家庭礼仪著作中，《朱子家礼》《司马氏书仪》最著名。前者相传为朱熹所著，后者为司马光撰写。

所以，这一时期的礼仪研究硕果累累，礼仪形式的发展也日趋完善，忠、孝、节、义等礼节也日趋繁多。无论是内容还是形式，礼仪都进入了鼎盛时期。

5. 礼仪衰落时期

清朝入关后，开始逐渐接受汉族的礼制，并使其复杂化，让礼仪变得死板、烦琐。如清代的品官相见，当品级低者向品级高者行跪拜礼时，一般是一跪三叩，甚至三跪九叩。清代后期，贪污腐败盛行，官员腐化堕落，封建社会由盛转衰。随着洋务运动的兴起，西方礼仪开始传入中国，而西方礼仪与中国推崇的礼仪思想有很大的差异。所以，这一时期中国的传统礼仪规范无论是内容还是形式，都受到了西方礼仪的强烈冲击，出现了"大杂烩"式的礼仪思想，封建礼教开始土崩瓦解。

6. 现代礼仪时期

清末，鸦片战争打开了中国长期封闭的大门，国人开始了解西方的政治、经济、文化。大批爱国人士为寻找富民强国的道路，在把西方的文化、科技引入中国的同时，也把西方礼仪介绍进来。辛亥革命之后，封建王朝覆灭，中国人民为摆脱封建礼教的束缚而不断地进行变革。直到1949年10月，中国进入一个崭新的时期，封建礼教被彻底废除，逐步形成了现代礼仪。

改革开放以来，随着中国与世界各国交往的日趋频繁，在我国传统礼仪的基础上，融入了西方先进的礼仪文化，形成了中国特色的新型社会关系和人际关系，那就是：平等相处，团结友爱，互帮互助，礼尚往来。礼仪从内容到形式都在不断变革，构成了社会主义礼仪的基本框架，现代礼仪进入了全新的发展时期。2005年，中央电视台一系列"迎奥运，讲文明，树新风"公益广告热播，各行各业的礼仪规范纷纷出台，如政务礼仪、商务礼仪、服务礼仪、教师礼仪、医护礼仪、国际礼仪等，社会上还出现了各种针对不同年龄、不同阶层的礼仪培训机构，如儿童礼仪、中学生礼仪、大学生礼仪、求职礼仪、职场礼仪等，人们越来越深刻认识到"不学礼，无以立"的道理，学习礼仪知识的热情日益高涨。

2017 年 10 月 18 日，习近平总书记在党的十九大报告中强调："要提高人民思想觉悟、道德水准、文明素养，提高全社会文明程度。广泛开展理想信念教育，深化中国特色社会主义和中国梦宣传教育，弘扬民族精神和时代精神，加强爱国主义、集体主义、社会主义教育，引导人们树立正确的历史观、民族观、国家观、文化观。深入实施公民道德建设工程，推进社会公德、职业道德、家庭美德、个人品德建设，激励人们向上向善、孝老爱亲，忠于祖国、忠于人民。"这是我们构建当代礼仪文化的指南。我们应遵循"取其精华，去其糟粕"的原则，将传统礼仪文化的精髓融入现代文化的体系，以社会主义核心价值观的构建为契机，促使礼仪意识变为礼仪行为。

二、礼仪的内涵与特征

礼仪无处不在，渗透于工作、生活的方方面面，不仅有时代的烙印，而且还会呈现出一些行业的特点与要求，但其基本的内涵始终是较稳定的。

（一）礼仪的内涵

在古代，礼仪指的是为敬神而举行的各种仪式。如《诗经·小雅·楚茨》中"献醻交错，礼仪卒度"，讲的是古代在酒宴中主宾敬酒交互错杂，礼仪合乎法度。《周礼·春官·肆师》中"凡国之大事，治其礼仪，以佐宗伯"，意思是凡是涉及国家的事务，都应讲究合乎礼仪，用礼仪来辅助宗伯。这时对礼仪的基本定义是"致福曰礼，成义曰仪"，由此可知，当时的礼仪是为维护封建统治阶级而制定的基本制度和行为规范。

在现代，通常所说的礼仪是一种待人接物的行为规范，是一种交往的艺术表现。它是人们受历史传统、风俗习惯、宗教信仰、时代潮流等因素影响而在长期社会交往中形成的。礼仪既为人们所认同，又为人们所共同遵守，是在建立和谐关系的基础上各种符合客观要求的行为准则和规范的总和。但无论是古代还是现代，礼仪的内涵都具体表现在礼貌、礼节、仪表、仪式等方面。

礼貌，是指人们在彼此交往过程中表示尊敬、重视和友好的言谈举止。比如，我们经常会用"这个孩子真有礼貌"来表扬一个孩子主动与客人打招呼的举动。礼貌是以尊重他人、不侵害他人利益为前提的，是表达人与人之间和谐相处的意念和行为，如尊老爱幼、尊师重教、乐于助人、热情好客等。

礼节，是指人们在日常交际活动中，相互表示尊重、祝愿、问候、致意、慰问等待人接物方面的形式，如拜会、握手、馈赠、吊唁等。

仪表，是指人的外表、穿着，它主要指美的外在形象，引申为人的精神状态，如容貌、服饰、表情、姿态、风度等。

仪式，是指在一定场合举行的具有专门程序和形式的社会活动，如升旗仪式、奠基仪式、开学典礼、毕业典礼、剪彩仪式等。

所以，现代礼仪是人们在社会交往活动中，为了相互尊重，在仪容、仪表、仪态、仪式、言谈举止等方面约定俗成、共同认可的行为规范。"礼"是内在的，是人们对自己、对他人表示尊重和敬意的态度；而"仪"是外在的，是人们通过一定的动作、形式等表现出来的"礼"。"礼"是一种观念、一种意识、一种态度，而"仪"是外在的表现形式。"礼"字解决了，"仪"字迎刃而解；"礼"字不解决，即使懂得一些形式上的东西，也难以将其落实在行动上而形成习惯。"态度决定一切""心有敬而形于外"就是这个道理。

（二）礼仪的特征

同一历史时期，不同国家、民族、地域会有不同的礼仪规范，所谓"百里不同风，千里不同俗"。不同的历史时期，礼仪更会打下那个时代的烙印。礼仪的内容虽然存在差异，但其基本特征是一致的，主要表现为以下四个方面：

1. 继承性

礼仪，是一种文化修养，是人类在长期的共同生活和交往中，为维持正常生活秩序而逐渐演变或约定俗成的。在这个过程中，传统礼仪中那些烦琐、保守、与社会发展不适应的内容被不断摒弃，只有那些体现了人类精神文明和社会进步的精髓才得以世代传承。比如生活中我们常说"礼尚往来""来而不往非礼也"，说话要谦恭、和气、文雅，仪态要大方、恭敬、从容，仪表要端庄、得体、简洁，对待他人要知晓爱亲、敬长、尊师、亲友之道，等等。古往今来，这些优良传统在古代适用，在当今社会也同样适用，并已成为人们生活中的一种习惯和规范。所以，无论世事如何变迁，一些好的思想观念、礼仪传统总会代代相传，被延续继承。

2. 差异性

礼仪，作为一种共同遵守的行为规范，在实际应用中还会受到时间、地域、环境及各种因素的制约，具有很大的灵活性。任何国家、民族、地区都有其礼仪的特色，这是按照地域和群体来划分的，也是礼仪的一个十分重要的特点。一方面它表现在某个地域中或某类群体中具有共同的礼仪习俗；另一方面又说明地域与地域之间、群体与群体之间的礼仪习俗有不同的地方。各自不同的文化背景和历史原因等多方面因素造成了这种不同，也由此产生了多姿多彩的礼仪文化。比如，西方人在见面礼仪中讲究拥抱，提倡"女士优先"；但东方人大多将握手作为见面的礼节。有的地方把抚摸小孩的头当作亲切的表示，而有的地方却认为这是极无礼的行为。在庆典活动中，有的民族喜欢跳舞，有的民族喜欢唱歌，有的民族喜欢泼水。所以，每到一个新的地方，最好先了解一下当地的礼仪习俗，以便入乡随俗，这样更能体现对交往对象的尊重。

同一种礼仪，对不同年龄、不同性别、不同职业的人也会有不同的呈现方式。例如，同样是打招呼，男性之间与女性之间的问候方式会不同，老朋友之间与新朋友之间的问候方式也不同。再如，同样的话语，站在不同角度表述也会不同，对年轻人来说可能没有什么，可是对中老年人来说就可能会伤害他；对同性来说很正常，对异性来说可能就失礼了。正因为礼仪存在如此大的差异性，所以要求我们在不同的时间、场合都运用相应的礼仪来展现自己的风采，而不是生搬硬套、千篇一律，把礼仪变成一种死板的教条，那样反而会失礼了。

3. 针对性

人际交往讲究公平公正、一视同仁，但更讲究对等原则，即"投之以桃，报之以李""礼尚往来"，所以礼仪礼节具有很强的针对性。如公务接待时，应当派出与对方身份、职位基本相同的人员进行接待，迎送人员数量要适宜，不可过多或过少，基本上与对方对口、对等。一个单位的处长出访另一个单位时，被访单位也应由处长出面接待，至少要安排会见。

4. 规范性

礼仪是人们在交际场合待人接物时所必须遵守的行为规范。"必须遵守"，就是不能依据个人的意愿随意改变。它已经成为人们彼此交往的"通用语言"，成为衡量他人和判断自己是否自律敬人的标尺。如果人们能自觉地遵照并维护这一准则，那么便是符合礼仪要求。如果总是自作主张、一意孤行，或者一味按照自己的喜恶行事，那么就会给他人造成许多困扰。例如，别人握手时伸出右手，而你偏伸出左手；在宴席上，别人都在小口品酒，而你却大口干杯；开会时别人都把手机调至静音或震动模式，你的手机铃声却不时响起……这种偏离常规的做法，轻则造成沟通的障碍，使别人不清楚你要表达的意思；重则令人觉得你对他人失敬。所以礼仪一旦约定后必须俗成，具有强制性和规范性。

三、礼仪的原则与功能

礼仪是约定俗成的行为规范。既然是规范，当然有一定标准和尺度来衡量其是否规范。礼仪的规范很多，可以说是包罗万象，因为它涉及生活和工作的方方面面。但只要掌握了一些基本原则，复杂的问题也就简单化了。

（一）礼仪的原则

讲礼仪，应遵循以下四条原则：

1. 尊重原则

礼仪的核心是尊重，诚如孟子所言："尊敬之心，礼也。"所以，礼仪的实质只有一个字——"敬"。"敬"字包含两层含义：一是"尊敬"，即尊敬长辈、尊敬师长、尊敬交往对象、尊敬所有人，尊敬他人就是尊敬自己；二是"敬畏"，即敬畏制度、敬畏法律、敬畏生命。敬畏制度，你上班就不会迟到，因为你知道，这是最基本的劳动纪律；敬畏法律，你就不会做违法乱纪的事情，绝不触碰法律底线；敬畏生命，你就不会"酒驾"，就不会做危及他人生命的事情。一个人如果有了"尊敬"之心、"敬畏"之意，就一定会是一个有道德有修养、懂得爱己爱人的人。

尊重原则要求人们在人际交往中与交往对象相互尊敬、相互谦让、和睦相处。"尊重"二字，在实际生活中体现为：尊重上级，是一个人的天职；尊重下属，是一个人的美德；尊重客户，是一个人的风度；尊重所有的人，是一个人的教养。人际交往中，不管年龄大小、职务高低，都应当受到尊重。对待他人要有敬重的态度，不可失敬于人，不可伤害他人的尊严，更不可侮辱他人的人格。特别是对待自己的下属和晚辈，有时他们做错了事，虽然可以严厉批评，但切不可表现出任何的不屑和鄙视，否则你也不可能得到他们的尊重。如果遇到对方有意伤害自己尊严，要坚决维护。所以，人与人之间相互尊重，是人际关系中讲究礼仪的基本出发点。

尊重原则也就成了礼仪的核心原则。

2. 遵守原则

礼仪是社会生活的行为准则，它反映了人们的共同意识。世界上各民族、各阶层、各党派、各国家，都应当自觉维护、共同遵守礼仪。尤其在公共场所，更要遵守礼仪规范，否则将受到公众的批评和指责。例如，在马路上，要遵守行人走人行道，骑自行车走右侧自行车道，遇红灯要止步、见绿灯才通行等规则。在日常交往中，尤其是拜访他人或求人办事之时，要遵时守约、诚恳待人。

3. 适度原则

俗话说"礼多人不怪"，但在实际生活中，礼多了人也怪。热情过度、礼节繁多，会显得太过迂腐，反而让人反感、厌恶。例如，招待宾客时，周到地为客人端茶添水，请人就座，这都在情理之中；但如果宾客第一次来访，用餐之后起身告辞，主人却硬要留人夜宿，反而会显得太过热情，让人为难，甚至会引起对方的反感。因此，人际交往中言行举止既要合乎规范，又要得体适度。俄国短篇小说家契诃夫《小公务员之死》中的主人公"小公务员"，就是礼仪不适度的典型案例。

4. 自律原则

个人是礼仪行为的实施者，应当首先"从自我做起"，要人前人后一个样，要一视同仁，才能创造出自然和谐的相处氛围。礼仪规范不是用来约束别人的，而是用来修正自己的言行，不断完善自我的行为准则。如果一味地苛求别人而放纵自己，只会变成"孤家寡人"。因此，在学习、应用礼仪过程中，最重要的是要自我要求、自我约束、自我检视、从我做起。要加强自身修养，完善个人人格。古人常将"慎独"二字写成书法作品挂在书房作为一种修身养性的方法，就是时时提醒自己独处时也要"谨小慎微"。其实，不断地自律就逐渐形成了习惯，所谓"习惯成自然"就是这个道理。养成良好的习惯，既可消除自我约束的感觉，也可使自律成为自觉。

（二）礼仪的功能

礼仪是人类精神和物质文明成果的精髓，内容丰富，应用广泛，无论是对社会的和谐进步，还是对经济的发展，都有极大的促进作用，具体体现在以下几个方面。

1. 教育作用

礼仪以一种道德习俗的方式对社会中的每一个成员发挥维护社会正常秩序的教育作用。人们通过礼仪的学习和应用，建立新型的人际关系，从而在交往中严于律己、宽以待人，互尊互敬、互谦互让，讲文明、懂礼貌，和睦相处，形成良好的社会风尚。陶行知校长用四块糖果教育学生要守时，要勇于承认自己的错误，要懂得尊重他人的故事就是在用礼仪教育人、塑造人。

2. 美化作用

礼仪之美在于它帮助人们美化自身、美化生活，从而美化整个社会。个人形象，包括仪容、仪表、仪态、谈吐、教养等，在礼仪方面都有各自详尽的规范，因此学习和运用礼仪，有益于人们更好地、更规范地设计和维护自身形象，充分展示个人的良好教养与优雅风度。如面带微笑、有礼貌地跟人打招呼，不小心碰撞他人时说声"对不起"，大庭广众之下轻声细语，这些都能展现自己美的形象。作为社会成员的每个人变美了，整个社会也就变美了。

3. 协调作用

礼仪作为人们在社会生活中逐渐形成的行为规范和准则，它约束着人们的态度和动机，规范着人们的行为方式，维护着社会的正常秩序，协调着人与人之间的关系，在社会交往中发挥着巨大的作用。比如，上班前向父母打个招呼，见到同事热情问好，这些看似细小的礼节礼貌，会像一条美丽的纽带，把自己同对方紧密地联系起来，协调与他们之间的关系，从而获得周围人的认可与赞美，营造良好的人际交往氛围，让生活环境更加舒心、更加和睦。

4. 沟通作用

自觉遵循礼仪规范，能使交往双方的感情得到良好的沟通，在向对方表示尊重、敬意的过程中，获得对方的理解和尊重。例如，在社交场合司空见惯的握手礼，是古时人们为了表示友好，扔掉手上的工具，摊开手掌，双方击掌，示意手中没有任何武器，不会攻击对方。后来逐渐演变成双方握住右手，相互寒暄致意的见面礼节。这样的无声语言，起到了互致友好、沟通情感的作用。

习近平总书记在党的十九大报告中指出："社会主义核心价值观是当代中国精神的集中体现，凝结着全体人民共同的价值追求。要以培养担当民族复兴大任的时代新人为着眼点，强化教育引导、实践养成、制度保障，发挥社会主义核心价值观对国民教育、精神文明创建、精神文化产品创作生产传播的引领作用，把社会主义核心价值观融入社会发展各方面，转化为人们的情感认同和行为习惯。坚持全民行动、干部带头，从家庭做起，从娃娃抓起。深入挖掘中华优秀传统文化蕴含的思想观念、人文精神、道德规范，结合时代要求继承创新，让中华文化展现出永久魅力和时代风采。"文明礼貌、助人为乐、爱护公物、保护环境、遵纪守法是中华优秀传统文化蕴含的思想观念、人文精神、道德规范。礼仪修养既属于道德规范体系中的社会公德，是社会主义精神文明的内容；也符合千百年来优良传统的习惯，是适应最大多数人需要的道德伦理规范。因此，礼仪是和谐社会的基本要求，是人们希望有安定和平生活环境、有正常社会秩序的共同要求，更是和谐社会中全体公民为维系社会的正常生活而共同遵循的最基本的公共生活准则，是不可或缺的行为规范。

延伸阅读

[1] 姬仲鸣，周倪. 孔子：上卷 [M]. 北京：中央民族大学出版社，1998.

[2] 姬仲鸣，周倪. 孔子：下卷 [M]. 北京：中央民族大学出版社，1998.

[3] 杨朝明. 荀子 [M]. 开封：河南大学出版社，2008.

[4] 黄怀信. 大学 中庸讲义 [M]. 北京：清华大学出版社，2013.

[5] 司马光. 资治通鉴 [M]. 太原：北岳文艺出版社，2006.

[6] 刘同. 谁的青春不迷茫 [M]. 北京：中信出版社，2012.

[7] 李清如. 跟杨澜学做完美女人 [M]. 武汉：武汉出版社，2012.

[8] 周小平. 请不要辜负这个时代 [M]. 海口：南海出版公司，2014.

视频链接

1. 中国大学精品视频公开课《现代礼仪》第一讲。http://www.icourses.cn/web/sword/portal/videoDetail? courseId = c90fe3c3 − 1332 − 1000 − 9af0 − 4876d02411f6。

2. 国家精品在线开放课程（慕课）《现代礼仪》第一章。http://www.icourse163.org/course/HNU − 20005。

3. 中央电视台 10 频道《百家讲坛》特别访谈节目《解读于丹》。

第二节　形象和形象礼仪

形象礼仪是一个人在社会生活中的广告和名片，每个人都有自己独特的本色形象，我们需要运用不同的方法把自己独特的个性魅力展示出来。每个渴望成功的人，都应该善于运用自己的形象资本，树立形象意识，从一点一滴做起，逐步塑造良好的自我形象，并充分运用形象礼仪这个好的

"武器"，去开拓和创造自己辉煌的事业。因此，我们秉承这个理念，以共有的爱美之心，张开双臂像飞舞的彩蝶、像跳跃的阳光，迎接自信、优雅、美丽、特别的自己。

💬 **案例导入**

20世纪60年代，约翰·菲茨杰拉德·肯尼迪竞选美国总统，就是通过着装打扮塑造公众形象的典型案例。当时，美国举行了历史上首次总统候选人之间的电视辩论。无论是从政经历还是民众支持率，约翰·肯尼迪都处于明显的劣势；但当他穿着淡蓝色西装、白色衬衣，并端庄地系上领带出现在大众面前时，人们被他那年轻、健康且充满活力的领袖形象征服。美国民众认为，约翰·肯尼迪就像刚刚跻身世界先进国家行列的美国一样年轻，有魄力。约翰·肯尼迪最终在总统竞选中大获全胜。自此之后，公众形象的塑造成为每一位政治人物必不可少的手段。

一、对形象的理解

一提到形象，我们自然会想到长相。其实长相不等于形象，它只是形象的一个组成部分，而且是形象中的自然属性部分。《现代汉语词典》（第7版）对"形象"一词的解释是："文艺作品中创造出来的生动具体的、激发人们思想感情的生活图景，通常指文学作品中人物的神情面貌和性格特征。"这个定义其实也适用于生活在现实中的每一个人，因为社会就是一个大舞台，我们每个人都在人生的舞台上扮演着自己的角色。比如我们在家庭中，根据不同的辈分有着自己的角色：子女、姐妹、兄弟、丈夫、妻子、父母、公婆、爷爷、奶奶等；而走出家庭到社会上，我们根据自己的职业和地位，又有了另外的一个或是多个角色：如学生、教师、医生、技术人员、服务员、领导、下属等。我们每天都在不同的角色中转换。在社会交往中，作为社会的一分子，每个人都需要和别人打交道，这就需要我们按照角色的要求来调整自己的精神面貌，表现出与之相适应的性格特征，扮演好自己的社会角色并争取与他人建立良好的社会关系。这时人们都会注重自身在公众中的形象，因为每个人都会很在意别人对自己的看法，同时这关系到自己在社会上被别人尊重与否，事业成功与否。只有这样，才能使自己具有积极的意义，使人生充满活力和色彩。

从心理学的角度来看，形象就是人们通过视觉、听觉、触觉、味觉等各种感觉器官在大脑中形成的关于某种事物的整体印象。作为社会人，每个人都要与他人交际来往，总有见第一面的时候，总会产生或好或坏的第一印象。社会心理学家奥尔波特指出，第一印象是根据对方的外貌而产生的感觉，人们一般会在 30 秒之内就根据你的外在形象，对你的职业性质、文化修养、审美品位、性格特点、层次格调有大致的判断。形象沟通有个"55387"定律：一个人给人的第一印象中，55% 体现在外表——年龄、性别、身高、肤色、体重、肢体语言（站姿、坐姿、走姿、手势）、着装打扮、服装色彩等，它们都作为外表的一部分起着相应的作用；说话的声音和方式则占 38%；而谈话内容只占到 7%。它们清楚地下着定义，无声而准确地讲述你的故事——你是谁，你的社会地位、你的受教育程度、你的生活方式，以及你是否有发展前途……

形象是一种无声的语言。这是一个讲究形象的时代，没有人会喜欢和信任一个形象糟糕的人。不要渴望人人都能够透过你糟糕的外表，发现你内在的美好。没有一个人愿意接近一个不可信的人并委以重任。现实是，内在的品质、才能和信念也要通过外在的形象、举止来展示。就在举手投足之间，你可能取得了人们的信任或失去命运带来的机会。成功也爱以貌取人，它喜欢那些仪容仪表、举手投足端庄得体、真诚自信的人。如果没有良好的第一印象，你可能会失掉很多表现才华的机会；没有良好的第一印象，你也可能会与美好的爱情失之交臂，形象美是别人发现你的"门槛"。如果你是一个很优秀很有才华的人，却连"门槛"都跨越不过，不能展示自己，是不是会因此错过很多机会呢？所以第一印象是非常重要的，良好的形象可向他人暗示"请相信我，我是有修养有能力的人"，从而为自己争取到更多的好感和机遇。可见，一个人的外在信息在给他人的印象中占有举足轻重的分量，若没有得体、优雅、文明的外在形象，就很难树立起一个良好的个人形象。从这个意义上说，人们正是透过你的一言一行、一举一动的形象符号和姿态，来判断你的价值取向、生活哲学和学识水平。所以，你的一切外在行为恰恰是你内涵的外延。正所谓，形象是金，形象有价。

我们常说形象走在能力的前面，一套适合自己风格、色彩和款式的服装，可以让你吸引大众的关注。端庄大方的举止，能够充分展示自己的个性魅力，获得他人的赞美。更重要的是，一个良好的形象可以提升自信，并对你的生活、事业提供无限可能的帮助。一个受欢迎的人具有的外在形象应是拥有得体的衣着打扮、适宜的妆发造型，既有风度又积极向上。

形象来源于你本身。如果你某个方面不好，可以尽量去改正它，有效地运用礼仪标准，准确地体现自我。形象礼仪能够唤醒和激发人们对美的追求。别林斯基说过："美和道德是亲姊妹"。康德说过："美是道德的象征"。追求美，会使人精神美好、心地纯洁，情感和信念端正。礼仪对人的言谈、举止、仪态、仪表都有形象和形式上的规范，不是单纯指某个动作，而是指人的全面的生活姿态提供给他人的综合印象，包括思想、品德、性格、情操等内在品质，以及言谈、举止、仪态、仪表等外在素质，这是形象礼仪的魅力所在。

二、形象礼仪的构成要素及表达方法

本书所说的形象，更多的是指人的社会属性，即人在学习、生活、工作等各个领域所表现出来的言谈举止、穿着打扮、待人接物等一切可视的外在行为，是否符合社会道德规范和行为规范。形象礼仪是改变"人的外在形象"，通过仪容、仪表、仪态等的综合训练，塑造出亲切的微笑、友善的目光、得体的着装搭配、协调的颜色、精致的细节、端庄的举止等和谐的个体形象，以塑造良好的个人形象为最终目的，便于人们交流与沟通，以利于扩大社会交往，促进事业成功。

在塑造形象中所运用的要素大致可分为服装、人体、运用、个性四个方面。首先，人体要素包括如体重、身高、"三围"之类的形体表情，与个性相关的身体各部位以及肤色等，除此之外还包括姿势、动作、手势等。形象礼仪使每个人能轻松地把握自己的形象，根据自己的脸型及体型，把衣（服装色彩、服装款式）、形（仪态、举止）、神（气质、神韵）三者完美结合，正确地表现自我的特征，塑造精明干练的自我良好形象，固然要改善自己的服装色彩、体型、化妆等视觉形象，还要练习表情、姿势等。服装是形象改善中的媒介物，根据其廓形、色彩、材质、技术、流行等要素，合适的服装的定义各有不同。选择合适的服装穿着后具有立体感，使人的身材显得饱满、美丽，服装的色彩则通过季节感、轻重感、膨胀感或收缩感等带来视觉效果。

人体和服装的结合通过运用手法得以具体化。运用手法就是把饰品搭配、化妆、发型等直接表现于人体，或者加入变化，并通过服装和时尚饰品塑造出综合性的视觉形象。在此基础上，再加入身体语言、礼仪等对话方式使人具有独特风格，形象礼仪就基本完成了。

在社交活动越来越多的今天，其实会穿衣打扮就像会使用电脑一样已经成为人们生活中必备的技能。我们应当通过自我形象的梳理和改变，更好地表现自己的职业素养、文化修养、审美品位，更好地展现你富有魅力的个性形象。

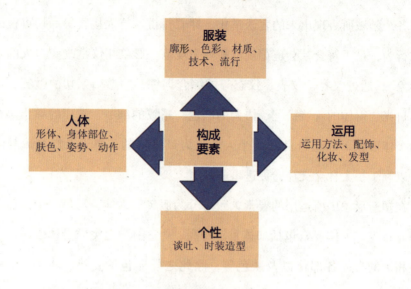

形象礼仪的构成要素

第 二 章

形象礼仪的容颜表达

人的形象是有氛围的，如动感的眼神、语气、肢体语言、乐观进取的精神状态。人的外部形象分为"静态"与"动态"两大部分。"静态"形象包括发型、脸部化妆、修饰、服装、配饰等；"动态"形象是指表情、肢体动作等。在本章中，主要学习"静态"形象的塑造方法，也就是根据脸型设计合适的发型，学习生活中化妆的技巧，使自己在生活、工作与各种礼仪环境中成为最受关注、最受好评、最得体的人士。

周恩来总理堪称中国礼仪的典范。他青年时期在南开中学读书，南开中学教学楼的镜子上印着《镜铭》："面必净、发必理、衣必整、纽必结，头容正、胸容宽、背容直。气象：勿傲、勿暴勿怠。颜色：宜和、宜静、宜庄。"这就是著名的"容止格言"。周恩来自年轻时就按"容止格言"的要求去做，加强修养，努力做到仪容、仪表、仪态美，在半个多世纪的革命生涯中，形成了独特的被称为"周恩来风格"的礼仪语，可谓"举手投足皆潇洒，一笑一颦尽感人"，给人以不可抗拒的吸引力。

第一节　脸型

远看身型，近看头脸。头发和脸庞是人体裸露的重要部分。在社会交往中，我们彼此第一眼的"直觉"就是从脸和发型产生的，它们是一个人精神面貌的外观体现，与一个人的道德修养、文化水平、审美情趣和文明程度有着密切的关系。

俗话说："三分长相，七分扮相。"仪容雕琢和美饰装扮可以使平庸的容貌变得生动，了解自己的脸型能帮助你正确选择发型、眉型、服装类型、配饰及眼镜。

以女性为例，一张具有吸引力的脸孔，双眼瞳孔之间距离必定少于两耳距离的一半，是大家公认最迷人的脸蛋。"美女脸部黄金比例"是由美国和加拿大研究团队于2009年末计算出的黄金比例公式。据悉，西方女性的眼睛到嘴巴的距离占脸长的36%，双眼之间距离占脸宽的46%。同时，专家也表示，东方女性由于五官略为宽大，因此黄金比例应是眼睛到嘴巴的距离占脸长的33%，双眼之间距离则占脸宽的42%。完美的下颌角角度为116°。"两比例一角度"，成就了瓜子脸美女。

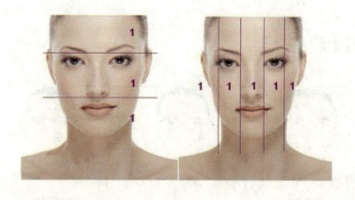

脸部黄金比例

部分人的脸型融合直线与曲线的两种线条特征，在判断脸型的时候，我们并不是要寻求百分之百的与分类吻合，而是要找出整体的形状，观察整体的形态，结合脸部外形和五官特征来仔细分析自己的脸型，注意看到的是比较多的直线条、棱角还是比较多的曲线。

大家可以参照下列图片，大致判断出自己属于何种脸型。如果还不能准确判断自己的脸型，可以根据脸型测定之"比较匹配法"判断脸型，具体操作方法是：首先把头发全部梳到脑后，把脸全部露出来拍一张正面照，用笔在脸的上下左右两侧对应地画些记号并连接起来，您便得到了一张自己的脸型图。需要注意的是，拍照要获取脸部正面相片。之后，做出头部长宽比例线，定出头部的发际线、颧骨线和下巴线，比照八大脸型特征进行判定。

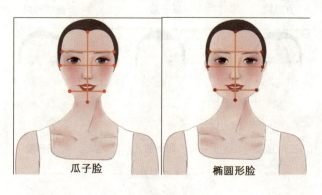

瓜子脸　　　椭圆形脸

比较匹配法

一、男士脸型分类

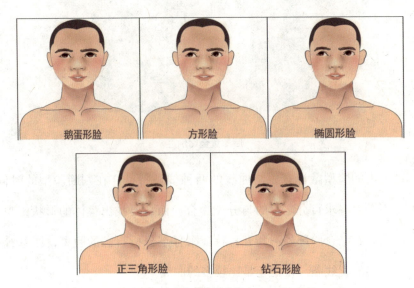

男士脸型分类

二、女士脸型分类

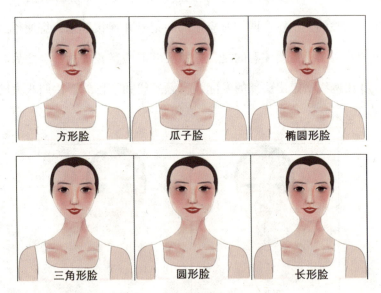

女士脸型分类

第二节　发型

💬 案例导入

　　某集团公司的董事长将接受电视台的采访。为了郑重起见，事前董事长特意向公司为他特聘的个人形象顾问咨询，有无特别需要注意的事项。对方专程赶来之后，仅仅向董事长提了一项建议：换一个较为儒雅而精神的发型，并且一定要剃去鬓角。理由是：发型对于一个人的上镜效果至关重要。果不其然，换了发型之后的这位董事长在电视上亮相时，形象确实焕然一新。他的发型使他显得精明强干，加上得体的谈吐使他显得成熟稳健，因而得到电视观众的高度好评。

一、男式发型

　　人们往往从男士社会角色的特征出发对其发型提出要求，包括着装、为人处世等方面比女性更沉着、有条理和保守，所以如果男士很轻率地选择一些过于时髦新潮的奇特发型，或是将头发染成过分鲜艳扎眼的颜色，留长发或者是留光头，就会与人们心目中对男士角色的期望相去甚远，甚至会被人排斥。虽然男士发型比女士发型要简单得多，一个发型可以闯天下，但是切记要符合前不覆额、后不及领、侧不掩耳的短发要求。

（一）宜留短发，恰当得体

　　男士选择发型的基本原则是，发型与人的各种因素相称。男士发型与女士不同的是，女士发型可根据服装和场合相应变化，男士则相对单一。男士选择发型要求体现男性之美，选用直线条的发型以体现一定的"力度感"，多注重轮廓造型的粗犷饱满，不拘泥于细节的修饰，以塑造阳刚之美。"前发不覆额，侧发不掩耳，后发不及领，并且面不留须"已经成为众多成功男士在多种场合为自己塑造发型的选择标准。在世界大多数国家，似乎都有这样不成文的看法，即往往将长发男子与另类划等号，而传统礼仪很难接受一个有修养、有见识、有风度的男士在公众场合留着长发或者在发型上别出心裁、标新立异。即使是一些平时很自由、浪漫的艺术家，在出席重要活动的时候，也会按照常规穿上正规的西服，梳理干净整洁的短发，以使自己的形象能够符合人们的审美标准。

（二）注重细节

干净、整洁、有型的发型，是男性整体形象中非常重要的部分。整洁的发型分三个部分：一是鬓角和发际的层次利落干净；二是头发干净；三是任何时候都不能让别人看到你的头发上有头皮屑，这些都是很重要的细节。一个有头皮屑，头发油腻、干枯、脏兮兮的男士，即使穿着再体面也会因为头发的瑕疵而风度尽失。头发的整齐、长短与层次是理发师修剪的，但是保持每天头发样式的整齐却是需要自己打理的。如果由于发质原因导致头发容易散乱，可以用适量定型水整理。

（三）根据脸型设计发型

1. 鹅蛋形脸适合的发型

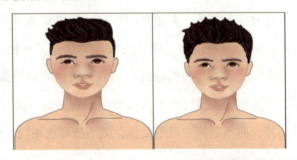

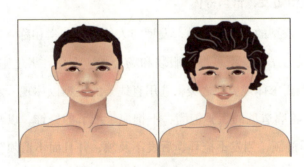

鹅蛋形脸适合的发型

2. 方形脸适合的发型

方形脸适合的发型

3. 椭圆形脸适合的发型

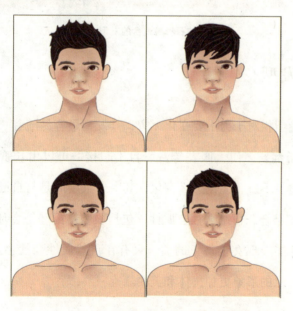

椭圆形脸适合的发型

4. 正三角形脸适合的发型

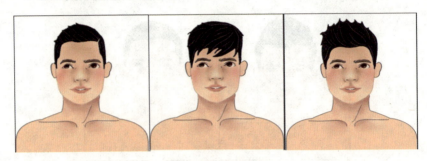

正三角形脸适合的发型

5. 钻石形脸适合的发型

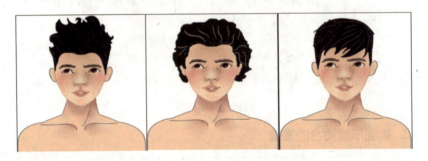

钻石形脸适合的发型

二、女式发型

　　女士的发型相对于男士要变化无穷，其发型最容易随着"潮流"而改变，花样不断翻新，使人眼花缭乱、目不暇接，可以由长变短、由曲而直、由直又卷。不过，无论怎么变化，其中最重要的是与自己的体型（即自然属性）相结合，再结合社会属性，包括服装搭配和符合环境、符合身份的因素，才能展现女士真正的美。只有在自然属性和社会属性前提下，女士才会使自己的形象更加得体和美丽。

（一）发型要与脸型相符

　　人的脸型中，鹅蛋脸（又称瓜子脸）属于标准型，可以做任何发型。女士的发型基本上是往瓜子脸靠。选择发型时，针对脸型处理，通过去角化直、扬长避短梳理，让头发起遮盖、衬托、填充的作用，弥补脸型的不足，力求使各种不够匀称的脸型变得和谐一些，创造美丽和满意的效果，给人以近似瓜子脸的感觉。

（1）瓜子脸。在中国，瓜子脸属于标准的美女脸，几乎适合各式各样的搭配，都能达到美感。但在实际中，应考虑年龄、肤色、场合等因素进行选择。

（2）圆形脸。头发的重心在头顶的延伸，可以改变圆脸的纵向，用前刘海盖住双耳及一部分脸颊，可减少脸的圆度。

圆脸有小圆脸和大圆脸之分。小圆脸可爱，可遵循小配小的原则，但需注意圆方搭配；大圆脸则需要较完整的修饰方法。

适合的发型：圆形脸轮廓较圆润的，有曲线感，在设计发型时遮住较曲线的额头和两侧轮廓，在刘海处采用斜刘海。如果是较小的圆脸，较适合第一种发型；如果是较大的脸型，较适合后两种发型，既可拉长脸型又可以遮住其较圆润的曲线，从而达到修饰的作用。

圆形脸适合的发型

不适合的发型：此类发型遮住额头过多，又露出饱满的两侧和圆润的下巴，从而加大了脸型宽度，使整个脸变成菱形脸，没起到修饰作用。

圆形脸不适合的发型

（3）方形脸。类似于圆形脸，鉴于这种脸型的特殊性，需要运用多种方法来修饰。其发式应遮住额头，并将头发梳向两边及下方，可以烫一下，达到脸部窄而柔顺的效果。

适合的发型：在设计发型时，需要考虑拉长脸型，遮住脸部突出的颧骨和颌骨，去角化直，经过发型修饰后使整个脸型变得很漂亮。

方形脸适合的发型

不适合的发型：下图中这组发型不仅没有修饰作用，反而增加方形脸的横向，突出了方形脸的缺点，露出了明显的颌骨。

方形脸不适合的发型

（4）长形脸。可适当用刘海掩盖前额，不可将刘海往上梳，头缝不可中分，尽量增加脸型横向感，使脸型比纵向少些，看上去圆润。

适合的发型：长形脸适合平衡的发型设计。由于额头较长，刘海造型适当遮住额头的长度，蓬松的发型可以拉宽脸型。

长形脸适合的发型

不适合的发型：从下面这组发型可以看出，原本就很长的脸型被拉得更长，中分发型不适合长形脸型。

长形脸不适合的发型

（5）三角形脸。将中央部分刘海向上卷起或倾斜地梳向一边，在下际线加上一些宽度。这类脸型需要运用多种方法进行完整的修饰。

适合的发型：三角形脸的整个脸型上窄下宽，额头较窄而尖。发型上首先需要的是额头饱满，其次要遮住较丰满突出的下颌骨。

三角形脸适合的发型

不适合的发型：下面这组发型虽然使额头饱满，但突出饱满的下半部分脸型，突出下颌骨，变成方形脸，使三角形脸更加不美观。

三角形脸不适合的发型

（6）椭圆形脸。使上额头发覆盖丰满且高耸，分出一些带波浪的头发遮住额头，头发以半卷或微波状盖住发际线，造成宽额头的效果。

适合的发型：露出来漂亮的脸部轮廓线和较圆润的下巴，达到了瓜子脸的效果。

椭圆形脸适合的发型

不适合的发型：从下面这组发型可以看出，整个脸型有点接近于椭圆形脸，但突出了较圆润的下巴，没有达到修饰的效果。

椭圆形脸不适合的发型

（二）发型要与脖子相协调

（1）胖而短的脖子。在额头使用斜向刘海，发顶梳高，造成拉伸的效果，两边梳成波浪显得修长，平滑贴头的颈线强调了背视及侧视修长的效果。

（2）长脖子。用柔和的发波和卷花盖住脖子，头发应留到颈部，避免头发长度超过颈背。

（三）发型要与身材相适应

（1）矮小身材的发型。在发型选择上要与之相适应，给人一种小巧玲珑的感觉。发型应以清秀、精致为主，避免过于粗犷、蓬松的发型，头部与整个形体的比例失调会给人头大身小、头重脚轻的感觉。从整体比例上，不宜留太长的头发，利用盘发或是短发来增加身体的视觉高度是不错的选择，烫发时波浪和块面做得小巧、精致。

（2）高瘦身材的发型。发型上要弥补给人细长、单薄、头部小的感觉，发型要求生动饱满，避免将头发梳得紧贴头皮或将头发搞得过分蓬松，造成头重脚轻。一般来说，高瘦身材的人比较适合留长发、直发，烫发应选择中等波浪，应避免将头发削剪得太短薄或盘高发髻，要使头发显得厚实、有分量，头发长至下巴与锁骨之间较理想。

（3）矮胖身体的发型。发型上造成一种有生气的健康美，整体发式向上，考虑弥补缺陷。矮胖者一般脖子显短，因此不要留披肩长发，尽可能让头发向高处发展，显露脖颈以增加身体高度感，可选用有层次的短发、前额翻翘式等发型，不宜留长而大的波浪、长直发，应避免过于蓬松或过宽。

（4）高大身材的发型。发型上适当减弱这种高大感，总的原则是简洁、明快、线条流畅，应追求大方、健康、洒脱的美，减少大而粗的印象。一般以留简单的直短发为好，或者是大波浪卷发，对直长发、长波浪、束发、盘发、中短发式也可酌情运用。注意：切忌发型花样繁复、造作，头发不要太蓬松。

第三节　化妆的面部修饰及其技巧

古今中外，人们为了美丽而使用丰富的化妆品和化妆工具对面部和五官进行修饰、描画，扬长避短，从而达到美化的目的，这就是化妆。真正有修养的人，绝不会"素面朝天"进入社交领域；但如果过分追求，一味讲究而忽视自然本色，就会显得矫揉造作。我们这里讲的"化妆"是指人们在日常生活中对外形容貌的打扮和装饰，可以说是一种"美容"，要坚持扬长避短的美化，浓淡相宜的自然，妆与自身、身份、场合协调的原则。作为一个社会人，无论男女，都应该学会"着妆"的能力，这是一种自身生活品质的体现，也是对交际对象的尊敬。

化妆的作用：

（1）化妆能让我们更加漂亮、更有自信、更加容易被喜欢。

（2）化妆可以保护皮肤，增强对有害物质的抵抗力。

（3）恰当的化妆能体现我们的内涵、品位和精神风貌，增加专业度。

（4）职场人士化妆，整体形象将会得到很大提升，成为成功的奠基石。

一、面部的修饰技巧

脸型和五官的比例因人而异，存在各种微妙的变化和差别，但是基本的比例关系是中国古代画论里所称的"三庭五眼"，即指五官和脸型的长度与宽度的比例。"三庭"，是指前额发际线至眉间为一等分，从眉间至鼻底为第二等分，从鼻底至下颌底为第三等分。"五眼"，是指脸的宽度以眼裂的长度分为五等分，也就是两眼的眼裂长度为二等分，两眼之间为一等分，两耳到外眼角的距离分别为一等分。

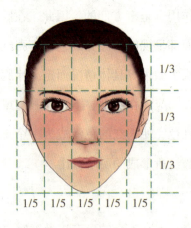

脸型和五官的比例

长期以来，我们习惯将椭圆形的脸视为理想、漂亮的脸型正是根据这种审美标准。美化功能的化妆首先需要运用色彩来调整脸型，运用色彩的明暗对比、冷暖对比等原理涂底色和刷腮红，就可以矫正和改变脸型的视觉形象。

（一）底色

除了利用底色来追求漂亮的面部肤色之外，涂底色还可以修正脸型。这主要是利用色彩的明暗原理并结合素描关系进行结构造型。对于脸形比较大的人，除了强调明暗结构之外，在肤色基调上可以选择沉稳一些的偏深色系；反之，小脸形的人则可以选择浅淡的色调。肤色深浅的运用不仅可以用来表现结构，还可以改变脸型。比如，在颧骨外至耳朵、颧骨下至颊窝以及下颌角等部位涂深底色，在前额、颧骨、鼻梁、下巴上涂亮底色，再用中间色或面红色作过渡，脸部的立体感就更加鲜明和生动了。

（二）腮红

自古以来，红润光滑的脸颊就是人们衡量貌美健康的主要标志之一。随着外界刺激和内在情感的起伏变化，脸颊会产生明显的色彩变化。所谓"把酒尝新颊生红"，就是这种变化的生动写照。脸颊的形象对人的容貌影响很大，脸颊化妆的作用也是多方面的。因此，在脸颊化妆时，适当地涂上腮红，可以使整个面部呈现健康漂亮的色调，腮红的色彩深浅和冷暖倾向要根据脸部底色、服装颜色等具体情况而定。涂腮红时，不要仅在面部孤立地刷上一块红色，而应该在额部、下巴、眼窝或脸的轮廓线上都均匀地、有层次地刷上些红色，使腮红的色泽成为一个统一的色调，从而削弱那些细微的凹凸以及皱纹所形成的明暗对比。

（三）五官修饰

五官是化妆的重点。五官本身的形态以及五官之间的比例关系是塑造外部形象的两个主要部分。虽然正常的人都有同样的五官，但是每个人的容貌都各不相同。这样的差别不仅是由头部和面部的差异造成的，更是由五官的细微不同而形成的。五官中的眉毛、眼睛、鼻子、嘴、耳朵，它们各自的形态千变万化。不仅因人种的变化而变化，即便是同一人种，也会有许多形态，而且也受性别、年龄等因素影响。

二、化妆的技巧

（一）化妆三要素

（1）眼睛。眼睛被称为"心灵的窗户"，眼睛的美体现为"神"和

"形"。"神"是内在素质和情感的表现；"形"是可以通过眼部化妆表现出来的，是面部化妆的核心，被称为化妆的第一要素。

（2）肤色。肤色是化妆的第二要素，也是化好妆的基本条件。准确地使用适合自己肤色的粉底，能表现出面部轮廓的立体感，还能起到改善肤色和表现皮肤质感的作用。

（3）嘴唇。嘴唇的美包括形态美、曲线美、质地美和健康美，通过对嘴唇进行修饰，可以表现出嘴唇的曲线美、质地美和健康美。

（二）化妆工具及化妆品

（1）化妆工具：化妆棉、棉棒、睫毛夹、眉刀、眉剪、美容套刷（腮红刷、口红刷、眼影刷、眉刷）、化妆海绵和棉质粉扑。

（2）化妆品：化妆水、乳液、润肤霜、粉底液或气垫粉、粉饼、散粉、眼影、睫毛膏、修容粉饼、腮红、口红、卸妆液、洗面奶。

化妆箱

（三）化妆步骤

1. 洁肤

作用：化妆前清洁皮肤，补充水分、滋润皮肤，这样上粉底时才能使粉底有更好的效果、有细腻的肤质感。

所需物品：卸妆液、洗面奶、化妆水、乳液、润肤霜。

方法：涂乳液到皮肤上，一定要使得乳液被吸收到八成后才能上粉底；否则粉底会涂不均匀，造成粉底不服帖皮肤。

2. 打粉底

作用：调整面部皮肤颜色，遮盖瑕疵，改善皮肤质感。

所需物品：粉扑、粉底液（气垫 BB）。

打粉底

方法：选用与自己肤色相近的粉底，用海绵取用适量。分两次涂抹：第一次少量；第二次多增加一点，厚薄均匀地涂抹在面部，使皮肤状态呈现出光泽、白皙的美感。使用粉底的时候，要注意与耳朵、脖子的衔接。粉底液含有油脂和水分，涂抹在人的皮肤上相对轻薄、透亮，效果真实、自然，适用于生活妆。粉底霜油脂和粉含量均较高，有较强的遮盖力，适用于专业化妆定型，生活中皮肤瑕疵较多的人可用此种粉底。

3. 画眼线

作用：让化妆者的眼睛生动有神，富有光泽。

所需物品：眼线笔、眼线液、水溶性眼线粉，根据需要选择其中一个。

方法：紧贴眼睫毛根部先粗后细、由浓而淡流利地画眼线。画上眼线时，应当从内眼角朝外眼角方向画；画下眼线时，则应当从外眼角朝内眼

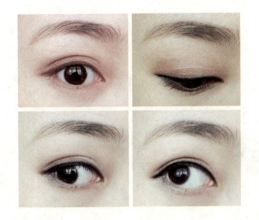

画眼线

角方向画，并且在距内眼角约 1/3 处收笔。眼线笔色彩柔和自然，容易使用，易卸妆，适用于生活淡妆；眼线液线条清晰，色彩鲜艳，适用于晚妆、浓妆；水溶性眼线粉适用于各种妆型。

4. 施眼影/刷睫毛

作用：以凹眼反衬隆鼻，强化面部的立体感，同时使化妆者的双眼显得更为明亮传神。

所需物品：眼形刷、眼形棒，粉状眼影、膏状眼影，睫毛夹，睫毛刷。

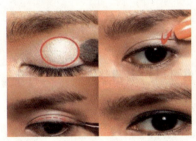

施眼影及刷睫毛

方法：首先要选对眼影的颜色，化工作妆时选用浅咖啡色眼影，过分鲜艳的眼影一般仅适用于晚妆。其次要表现出眼影的层次感，描画眼影时自睫毛处开始，由深而浅，层次分明。刷睫毛时眼睛往下看，再用睫毛夹往上夹。

5. 描眉形

作用：烘托好的面容。

所需物品：眉笔或眉粉（根据自己的肤色选择黑色、棕色或灰色眉粉）。浓妆多用黑色。

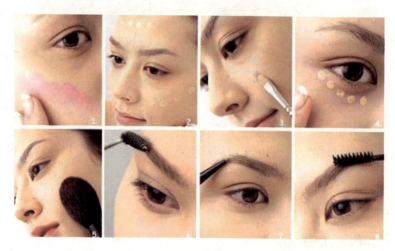

描眉形

方法：首先修眉，并使用专用的镊子拔除杂乱无序的眉毛；然后描眉，具体手法上要注意两头浅、眉腰深，上边浅、下边深，使描出的眉形具有立体感。

6. 上腮红

作用：使化妆者的脸颊更加红润，也可以用来调整脸型，使面部轮廓更加优美，并且显示出健康与活力。但是，脸部容易泛红的女士不适合在化妆时使用腮红。

所需物品：腮红刷、腮红。

方法：选择适合自己肤色的腮红，以小刷蘸取腮红，先涂抹在额骨下方，即高不及眼睛、低不过嘴角、长不到眼长的 1/2 处；然后略作延展晕染；最后用与粉底色彩接近的粉或粉饼轻轻地拍打脸部，以便固定粉底，同时吸收脸上的油，使皮肤与色彩关系吻合。

中国礼仪之

礼形
仪象

上腮红

7. 涂口红

作用：改变不理想的唇形，体现健康的气血，使双唇更加娇媚迷人。

所需物品：口红刷、唇笔、口红。

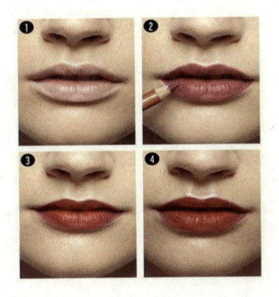

涂口红

　　方法：先用唇线笔描好唇线，确定好理想的唇形；然后选用适合自己肤色的口红从两侧涂向中间，并使之均匀而不超出画定的唇形；最后用纸巾吸去多余的唇膏，注意检查牙齿上有无唇膏痕迹，如有要立即清除。

💬 延伸阅读

［1］李京姬，金润京，金爱京. 形象设计［M］. 北京：中国纺织出版社，2007.

［2］史焱. 不靠体型靠造型［M］. 北京：中国青年出版社，2015.

［3］英格丽·张. 你的形象价值百万［M］. 武汉：长江文艺出版社，2015.

［4］周友秀. 个人形象设计［M］. 长沙：湖南美术出版社，2010.

［5］袁涤非. 现代礼仪［M］. 北京：高等教育出版社，2014.

［6］钟蔚. 形象设计与表达［M］. 北京：中国纺织出版社，2015.

第 三 章

形象礼仪的服饰表达

从某种意义上讲，服饰蕴含丰富的艺术，服饰所能传达的情感和意蕴有时候是用语言不能够替代的。一件衣服、一枚首饰、一双鞋、一个图案，都在表达着一种特殊的意义，如标准的套装表达的是严肃、认真、中性的；一条碎花、飘逸的连衣裙，表达的是女人的随性浪漫情怀；一件中式真丝缎上衣，表达的是经典而华贵；一条简单的牛仔裤，表达的是现代文化中的休闲情调；一件豹纹图案的紧身低胸连衣裙，表达的是野蛮的性感。除了服装，不同造型的包、鞋、首饰都代表了不同的意义：一条华丽的镶有钻石的项链和一条带有十字架的项链，所表达的美完全不同；一双高筒马靴和一双细跟的高跟鞋，也表达不同场合的文化内涵。

📑 案例导入

　　一位心理学家做过这样一个试验：分别让五位同班大学生扮演五种不同身份的人物：一位是西装革履，戴金丝眼镜，手持文件夹的青年学者；一位是身着笔挺漂亮军服的海军军官；一位是打扮得体的中年女士；一位是穿着随意，挎着菜篮子，脸色疲惫的少妇；一位是留着怪异发型、穿着邋遢的男青年。让他们在不同的时段在同一公路边搭车，结果，他们所扮演的青年学者、海军军官和中年女士的搭车成功率很高，少妇稍微困难一些，那个男青年就很难搭到车。

　　之所以会出现这样的结果，是因为人是视觉的动物，会通过视觉传递的信息作出判断。假如你去问路，是不是也会选择从外在形象上看起来比较顺眼的人去问？你对他们没有任何的了解，最初也没有与他们交谈，是不是因为他着装的外在形象使你有了信赖感，从而愿意靠近他？答案是肯定的。

　　如果你想获得尊重与关注，找到自己的"一席之地"，那么就让你的外表和思想同样美丽，让你内在、外在同样富有，做一个表里如一、魅力四射、幸福美满的人。着装标准可分为四种境界。第一种境界是考究、优雅；第二种境界是得体；第三种境界是适当；第四种境界是禁忌。我们最担心也是最不应该出现的就是禁忌，因为从着装中可以看出你对人对事的重视程度。你既然不尊重别人，那别人自然不会尊重你。着装不当还可能会使你被排斥在社交圈子以外，只是你自己不知道罢了，这就是"无知者无畏"。但这是很可怕的后果，可怕程度不亚于其他社交方面的尴尬程度。

　　服装作为人的第二层皮肤，服装是显性的，别人可以透过显性的服装而看到您的隐性。莎士比亚说："服装往往可以表现人格，一个人的着装打扮就是他教养、品位、地位的最真实的写照。"当别人看你时，你以为人家在看你的衣服、化妆、发型，其实他们在通过你的穿戴来试图猜测那些无法直接表现出来的东西，如你的知识层次、修养，经济水平、社会地位、个人品位、生活方式等。着装从来都体现着一种社会文化，体现着一个人的文化修养和审美情趣，让你得到他人的认可和信赖感。

英国著名作家托马斯·富勒曾说："得体的服装可以成为职业之门的敲门砖。"在职场的舞台上要像有经验的演员，要知道做什么像什么，熟练地根据自己在不同的时间所扮演的不同角色，理解服饰的语言，明白得体比美丽重要的道理，将自身装扮得既得体又不失自己的风格特点，我们才能打造和烘托出自己独特的美。在社会的大舞台上，得体讲究的穿着能给我们带来平衡和自信，我们的着装要与交往的对象和环境相融合。

在着装中要讲究自然属性和社会属性相结合，着装是形象美的重要形式。着装就像一幅美丽的画卷，一定要有一个主题，表达一个思想、一种情绪，造成一种视觉冲击力。要想让着装产生"整体协调感"，就要结合自身的条件，不仅要使发型、化妆、着装和个人自身的条件气质相统一，也要结合所处环境对象不同，随着时空环境变化、交往对象的不同，改变着装的内容和形式。在不同情况下，着装要与场合 TPO（时间、地点、目的）相统一。另外，因为覆盖人体外表 90% 的是服饰，服饰又由色彩和体型、廓形构成，把 TPO 场合着装概括为"时"，服饰色彩的和谐与服饰的造型分别概括为"色""型"，所以着装中讲究适时、适色、适型而衣，才能体现相应的空间的装扮形式和审美标准。当你依据适时、适色、适型而衣做出一步步的改变，你的服饰会以足够专业的姿态展示给别人，虽然最初你会耗时耗力，却会很有成就感，也会很享受这个过程，最终你一定会变得优雅大方而风度翩翩。

第一节 着装 TPO－R 原则——懂得适时而衣

💬 案例导入

　　某商务代表团到某县考察一个投资项目，当地政府机构负责此项目的一位公务员李女士接待了他们。当代表团成员们见到这位李女士时不禁面面相觑，心想："这个项目怎么能让一个这么幼稚的人负责！"原来，李女士为了使自己显得年轻些，穿了一件绒布的带图案的上衣和一条花哨的五分裤，特别是上衣的领子和花边酷似童装的样式，反而弄了个适得其反。李女士在接待过程中，发现自己的着装不对，所谓知错就改，在晚饭后相约一起去娱乐打保龄球，又特意换了一套西装套裙，却发现大家都是 T 恤的休闲打扮，边打边聊很是开心。当轮到李女士时，她摆好姿势用力把保龄球投出去时，只听到"嚓"的一声，西装上衣的袖子扯开了一个大口子。李女士的脸一下子红了，非常尴尬……

　　我国自古就是礼仪之邦，非常重视服装对于一个人形象、品德的塑造。在古代经典书籍《弟子规》中就有记录"冠必正，纽必结；袜与履，俱紧切；置冠服，有定位；勿乱顿，致污秽"。其中"置冠服，有定位"明确告诉人们服装要与人的身份、地位相称，其实就是要你的服饰与社会属性相匹配，懂得角色和所处环境定位，而不是重自身轻规则、重款式轻场合，一味地追求自身的年轻漂亮而忽视所处的环境和角色。有一句话说得好，得体比年轻漂亮更重要。礼仪以时为大，懂得什么时候穿什么衣服。得体的服装不只是自然属性的美，更要体现社会属性的美，美丽和环境相融合才是真正的美丽优雅。现在我们对场合的区分不那么明确，试想一下，你是否穿同一套衣服既去上班又去参加活动？由于中国自古以来是农耕文化，以前我们的着装是以新旧来区分的，而不是以时间、地点、场合来确定我们的着装。如果我们穿着新衣服，表明对这件事或这个场合很重视。随着社会不断发展，以及中国走向世界、融入世界，我们的一些习惯（包括生活方式）就必须要做出调整甚至是改变，要懂得国际着装的语言，从穿衣打扮中透露出优雅与品位。不同场合、不同着装充分体现出一个人的职业身份和专业修养，更能表达出一个人的生活习惯和个性，体现一个人是否能与社会相融合。

一、场合着装国际惯例 TPO 原则的由来

服装是无声的语言，形象中服饰得体的前提是熟记着装国际惯例的TPO（time，place，occasion，即时间、地点、场合）原则。国际主流社会的着装惯例，就是根据时间、地点和场合来确定着装风格的 TPO 规则。

着装的国际惯例、国际规则是沿袭着欧洲文明的发展而形成的，TPO的着装原则源自西方国家，发迹于美国，成熟于日本，且是目前被国际上认可的着装惯例。西方人的着装按照时间、地点、场合来区分，界限是非常明显的，因为西方人生长的家庭环境使他们从小耳濡目染，知道他们的父母出门的时候会穿着什么样的服装。比如上教堂、去工作、晚上参加活动或者周末与家人共进午餐，这些时候都有不同的穿着。他们也会按照父辈的穿着方式去打扮自己，这是顺理成章的事。从西方的服装发展史来看，他们的服装没有任何断代。以英国为代表的老牌资本主义国家，早期经济比较发达，在物质得到满足以后，就开始在着装方面考究起来。很多绅士组织起沙龙来互相交流怎样吃、怎样玩、怎样穿，久而久之就形成了一种富人俱乐部式的着装规则，这就是国际化着装惯例的发源。直到1963年，日本男装协会提出了针对提高日本国民着装素质的 TPO 计划，当时日本主要是为了 1964 年在东京举办的奥运会上树立日本在世界人民面前的良

好形象。令人出乎意料的是，针对提高日本全民服装修养的 TPO 计划受到欧美等发达国家的认可并流行开来，然后在平民中推广，成为被国际组织所接受的惯例。

二、着装应遵循 TPO－R 原则

近年来中国在各方面与国际接轨。由于欧洲的一些方式适合于现代的进程，包括服装，所以着装 TPO 原则是我国认可和接受并推而广之的概念。随着我国对服装更深刻的理解，根据我国国情的不同，在国际着装惯例上有了更深层次的对着装的理解，在 TPO 的基础上又加了角色（role），于是在我国形成了 TPO－R 的着装惯例，角色形成便是与人相处之道。例如，杨澜在参加慈善活动时，不是一身正装，而是穿着一套运动服，这样的改变都是为了更能显现自身的亲和力，以及与所处的环境和人群相融合。

TPO－R 原则是形象设计及服饰礼仪的最基本原则之一。其中的 T、P、O、R 分别是时间（time）、地点（place）、场合（occasion）、角色（role）英文单词的首字母。从这个次序可以看出，它把时间放在第一。为什么把时间放在第一？礼仪以时为大。这里说的时，是什么时候做什么事、穿什么衣服，如上班时、交友时、休闲时、参加婚宴时或是单位年会时，要懂得着装的变化。另外在社交场所里面，在职场形象里面，时间的概念很重要。时间的问题在某种程度上会对你的社交形象产生极大的影响，白天穿白天的衣服，晚上穿晚上的衣服，因为白天和晚上的活动内容不一样，白天是以公务、商务为主，晚上是以宴会、社交为主，话题不一样，衣服的元素也不一样。所以着装的原则是要求人们在选择服装或考虑其具体款式时，应力求使自己的着装及具体款式与着装的时间、地点、目的和人物协调一致。

（一）T——时间

T 代表年龄、时期、季节、时代等时间概念。从时间上讲，一年有春、

杨澜的着装

夏、秋、冬四季的更替，一天有 24 小时的变化。显而易见，在不同的时间里，着装的类别、式样、造型应因此而有所变化。比如冬天要穿保暖、御寒的冬装；夏天要穿透气、吸汗、凉爽的夏装；白天常处于工作环境中，着装应当合身、严谨；晚上作为休息时段着装相对宽大随意，如果晚上有社会活动可以穿有亮片元素的服装，这样会有华贵感，而白天就不行，过于闪亮的服装穿在身上会让人看起来有轻浮的感觉。

（二）P——地点

P代表地点、职位、职业、位置等。从地点上讲，置身在室内或室外，驻足于城市或乡村，停留在国内或国外，身处于工作场所或家中，在单位内还是在单位外，在这些不同的地点，着装的方式理当有所不同。例如，大红色的服装是不能穿到别人的婚宴上去的；穿泳装或暴露的服装出现在海滨、浴场是司空见惯的，但若穿着去上班、逛街，则一定会令众人哗然。

（三）O——场合

不同行业的人，其服饰文化和审美观有着很大区别，选择着装时重要的是要了解场合，是休闲还是工作场合，工作的和休闲的服装款式有着很

不同场合的着装

大的区别，工作服装强调严谨，休闲服装强调舒适；是娱乐社交还是参加庆典，依场合的隆重程度有别，庆典服装应该更端庄。例如，你在单位就不能穿过于休闲的服装。有些女孩子在夏天贪凉怕热图舒服，穿小背心、

超短裙；但若以这身着装出现在公众场合或职场中，就显得重自我轻规则了，也得不到他人的尊重。

从事的行业：严肃的行业，着装必须严谨；娱乐时尚行业，着装必须时尚；艺术类行业，着装可以是艺术性和另类的风格。

将要和谁在一起：会见亲朋好友，可以随意；与客户和领导见面，要端庄和高雅；与基层大众在一起，必须朴实。

（四）R——角色

充当什么角色——主动角色，如领导、主持人、宴会主人等；被动角色，如听众、观众、来宾等。如果是主动角色，着装应比同一场合的被动角色更隆重一些；如果是被动角色，着装应比同场合的主动角色低调一些。比如，若穿大红色衣服去参加婚礼，就显得很不妥，谁也不喜欢你和新娘平分秋色。

💬 案例导入

企业家刘先生平时喜欢穿舒适休闲的衣服。有一次，刘先生去会见前来公司考察的德国同行。由于天气很热，他便像往常一样，穿着衬衫、短裤和凉鞋去了。岂料对方见到他后，立刻露出不悦的神色，没谈几句就起身告辞了。

不管你内心喜欢哪一类衣着风格，在职场，你一定要遵循 TPO－R 原则。如果我们给服装打分：颜色 10 分，款式 10 分，风格 10 分，能根据场合着装 10 分，一个人着装的品位就可以得到恰当的判别了。事实上，颜色、款式、风格再怎么不对也有分，但如果场合选得不对就是 0 分。用 0 乘以多少分都只能得 0 分——$0 \times 10 \times 10 \times 10 = 0$。我们要正确运用服饰，在不同的时间、地点、场合穿不同的衣服，让自身与所处的环境视觉平衡达到和谐。和谐本身就是美的最重要因素，也是一个人品位的最高象征之一。

我们的着装，其社会属性占很大的比重，于是职业场合着装尤其重要。我国职场着装大致分为两种：一种是制式服装，像军人、警察和执法人员按照国家规定进行着装，即所在单位统一定制着装，制式服装通过标志、色彩与图案的识别系统区别着装者的级别和工作内容；另一种是非制式服装，代表国家、事业单位从事公务和企业商务活动的白领着装，由于国家或单位没有对其着装进行强制性规定，因此具有较大的选择性和自主性，缺乏指导性方案和有效指引，所以非制式着装则要靠个人的服装知识和修养。要了解服装知识和提高修养，首先要学习国际着装规则，然后通过亲身体会学习和积累着装经验。国际着装规则的基础首先是从男士服装入手。男性服装是一个时代的象征，严格遵守一定的着装规则；女性服装是社会稳定和经济繁荣的体现。

三、男士服装知识和修养

在人们的审美中，谁都无法抗拒男士绅士般的魅力，绅士也往往成为社会各阶层尤其是成功人士模仿的对象。绅士给我们的印象往往是考究的着装、文雅的举止、高尚的人格，总是给人高贵、修养好的感觉。而在服装史里，绅士的着装往往引导着时尚的潮流，且成为流行风向标。男士的着装要像绅士一样，理想境界是高雅。把绅士着装作为必修课，不是简单地追求贵族和绅士的穿着方式，更为重要的是通过着装提高修养，塑造内敛、敬业、尚礼的优秀人格魅力。如何有效地学习和运用男士的服饰和修养，当然是要从绅士着装规则、国际着装惯例基础知识一步步学起，并运用到自己的工作和生活中去。

（一）西服元素

下面看一下西服的元素。

（1）西服领型有三种：平驳领、青果领和戗驳领，平驳领是最经典的领型。

戗驳领　　　　　　平驳领　　　　　　青果领

（2）西装后开衩的结构有四种，中衩多用于修身西装，侧衩源于英国贵族血统，给人高雅的印象。

 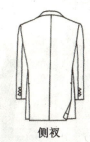 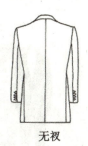

中衩　　　　　　明衩　　　　　　侧衩　　　　　　无衩

西装后开衩的基本形式

（3）西服分单排扣、双排扣。

①单排扣西服一般分为一粒扣西服、两粒扣西服、三粒扣西服。

一粒扣西服在腰部有点收腰的效果，凸显身材，传递青春活力，深受身材偏瘦的年轻时尚一族的喜爱，多用于套装。

两粒扣西服中规中矩，沉稳严谨，是最常见的西服标配。随着面料、颜色的变换，无论是职场、宴会还是休闲场合，两粒扣西服都是男士穿着机会最多的款式。

三粒扣西服一般相对较宽松，给人庄严、严谨的感觉。

关于单排扣西服扣子的扣法，有"站时扣，坐时解扣"的说法，一粒扣、直接扣好；两粒扣，扣上面一粒；三粒扣，可以扣上面两粒，下面一粒不扣，或者只扣中间一粒。

②双排扣西服的着装规则：双排扣西服给人复古的感觉，是过去绅士常穿的款式，对应的是双开衩。双排扣西服不能单件穿，不能搭配领尖带纽扣的衬衫。身材较矮的男士慎穿。

关于单排扣西服扣子的扣法，一般主张全扣好。如果想显得轻松一些，最下面的外侧扣子可以解开。

一粒扣　　　　　　　两粒扣　　　　　　　三粒扣

单排扣西服

双排扣西服

（二）西装的分类

　　绅士的常备服装是西装，西装一直是男士服装王国的宠物，西装文化常常被人们打上"有文化""有教养""有绅士风度""有权威感"等标签。西装作为绅士的着装在日常生活中是穿着频率最高的，被公务、商务人士奉为着装的经典选择，之所以长盛不衰，很重要的原因是它拥有深厚的文化内涵，主要特点是外观挺括、线条流畅、穿着舒适。

　　一说到西装，人们普遍认为这是很正式的服装。其实不然，西装是多变的。我们大多数人对西装其实并未真正地了解。如何正确地穿西装，是困扰许多人的共同问题。穿西装是一门艺术，西装若配上白衬衫和领带或领结，则更显得庄重高雅；若配上休闲衬衣，便是休闲西服。

　　男士西装分为西服套装（suit）、运动西装（blazer）、休闲西装（jacket），号称男士着装"三剑客"。只要掌握西装"三剑客"的着装知识，就可以在职场中选择着装时游刃有余。

1. 西服套装

　　它是职场男士衣橱的必要装备。一套裁剪合身、做工精细考究的西服套装能让你游刃有余地应对职业场合，是成功进入职场的必备品。

西服套装

所谓西服套装，就是上下身相同颜色、相同材质、相同款式的一组服装。西服套装包括两件套和三件套。两件套包括上衣和裤子，三件套就是多了一件背心。这样的一种搭配是非常经典的，不过随着现代人生活节奏的加快着装趋向简单化，更讲究实用，两件套的西服套装成为职场的主流。西服套装的经典没有受到流行趋势的太大影响，比较经典的颜色就是深蓝色和灰色。深蓝色西装可以应对所有职业场合，几乎都不会有什么问题。随着人们着装的简单化发展，深蓝色西服套装具有了礼服的功能，具有"国际服"的地位。灰色西装适用范围也是非常广泛的，其经典也是有据可查的，它的标准色就是鼠灰色，比较深的灰色更适合日间的公务、商务活动，目前礼仪级别比深蓝色略低。另外，深蓝色和深灰色的西装，会使人显得稳重和干练。有的男士比较喜欢选择浅灰色的西装，建议天气热的时候穿着，给人的感觉比较凉爽和清爽。

色彩学当中深色或者浅色的区分是，颜色越深越正式，越浅越非正式。总的来说，职场男装单色素色是正道。有时可以选择极细条纹的套装来缓解单色深色套装的单调。

西服的颜色

2. 运动西装

运动西装是职场男士衣橱里充满活力和朝气的装备，国际社交习惯称之为布雷泽。布雷泽来源于英国知名的学府牛津大学和剑桥大学的校服，后来布雷泽成为院校风格的代表着装，有非常纯正的运动血统和学院血统。其上衣采用三粒扣西装形式，标准色为藏蓝色，配浅色细条格裤子为英国风格，面料采用较疏松的毛织物（苏格兰小格呢），配土黄色卡其裤则为国际通用款式。

如果将西服套装、运动西装和休闲西装加以区别的话，西服套装是"正餐"，运动西装是"特色菜"，休闲西装是"小吃"。可见，正餐一般情况下是不会屈尊降贵的，小吃又不能登大雅之堂，运动西装可上可下。只有特色菜既可以成为正餐的一道名菜，也可以穿行在小吃的餐桌上。可以说，运动西装是公务、商务场合的智者装束。

布雷泽款式

布雷泽是休闲西装中最为正式的一种，一些重量级的人物在出席运动盛会或是参加与运动相关的活动时，都会把布雷泽作为一种经典的着装。当你想体现一种休闲随意的感觉但又不是那么放松、不是完全的休闲，给人感觉上是一种调和的商务休闲状态时，布雷泽就是非常适合的商务休闲装。布雷泽的穿着方式有很多讲究：首先，布雷泽有三个经典的颜色，我们在日常生活中经常见到的是第一个，也就是深蓝色，有点像海军制服，原先英国、美国的海军，最经典的制服颜色就是深蓝色，它给人感觉非常正式、正规，让人感觉有团队感和归属感。另外两种颜色，一种是酒红色，一种是墨绿色。这两种颜色也是非常经典的颜色。由于我们不太熟悉这两种颜色或者不太愿意去尝试，比如绿色或者红色，会觉得这两种颜色过于艳丽，我们看到的最多的就是深蓝色。根据场合的不同，其实男士还是可以选择浅灰色、米色、咖啡色、浅蓝色等。

布雷泽的经典颜色

简单休闲的布雷泽

在穿着布雷泽的时候，大家要把握的一个原则就是上深下浅。也就是说，无论你上身穿了一件深蓝色、酒红或者是墨绿色的西装，下身有可能选择的是卡其色的裤子，或者是白色的裤子，裤子的颜色一定要比衣服的颜色浅，这是它的一个搭配原则。其次是它的金属扣，金属扣是布雷泽最经典的元素；但是现在很多时装设计师或者时装设计公司已经把这一点忽略掉了或者是忽略不计了，把它变成了商务正装，找不到金属扣的踪迹了。今天看到很多树脂的仿金属扣，上面有些刻花之类的，其实原先都是用金属材质来做的纽扣。另外一个经典元素就是它的徽章，当你看到英格兰足球队队服时会发现他们胸前有一枚徽章。徽章其实就是团队的标志，当你属于一个俱乐部，属于一个团队的时候，这个徽章起到的作用就是让你有标志感、归属感、团队感。

布雷泽的金属纽扣

布雷泽打破了原先上衣和裤子是相同颜色、相同材质的搭配惯例，它所搭配的裤子可以是其他款式或者其他图案的裤子，比如说，它最为经典的搭配就是苏格兰的小格裤，这是英国最标准的搭配习惯，当然我们没有这样一种搭配习惯。还可以搭配卡其布的裤子，然后是灯芯绒的裤子、牛仔裤、短裤。在搭配短裤时不要打领带，注意裤子上千万不要有过多的口袋，应是简洁的休闲裤。

上衣和裤子的搭配

3. 休闲西装

Jacket 是标准的休闲西装。从英文上理解的话，可能会把 jacket 理解为平常说的夹克衫之类的。现今一些夹克会在职场中出现。

休闲西装

但是，这里我们所说的 jacket 其实在西方的传统意义上是在户外穿的，像西装的这样一种款式，它所采用的是比较粗纺的面料以及跳跃的颜色，适合的场合也是比较休闲的场合。

休闲西装的颜色分类

Jacket 适应的场合也非常多，在不是那么严格的商务场合，休闲西装是一个不错的着装选择。它的基本构成中贴口袋是标志。它的关键词当中有一些面料和图案的名称，如人字呢、犬牙纹、格子图案、苏格兰彩格纹、粗花呢等。它的面料会随意一些，轻松一些，很多都是粗花呢或者比较粗纺一些的面料，质感会比较粗犷一些，穿着 jacket 可以体现休闲的感觉。

（三）男士不容忽视的服装细节

1. 衬衫

有这样一句行话："西装的韵味不是单靠西装本身穿出来的，而是用西装与其他衣饰一道搭配出来的。"与西装为伍的衬衫，是唯一兼具内外衣主服和配服的双重身份，不论男女的衣橱里不可缺少的装备，特别在男人所有的行头里面，表达男士着装修养和品位。衬衫与西装搭配上是有礼仪级别之分的，与西装的礼仪级别是一致的。衬衫的礼仪级别主要以色彩和图案的不同为主要的划分依据，掌握了这些规则，不同场合的衬衫穿搭就能游刃有余。衬衫按礼仪级别从高到低的规制划分为白衬衫、高明基调单色衬衫、牧师衬衫、条纹衬衫、格纹衬衫和花色衬衫。

（1）白色衬衫。历史最为悠久，礼仪级别最高。白色衬衫包含的历史信息也最为丰富，重要的社交场合一直以来所有的礼服衬衫都是白色。从色彩学来看，白色作为一种无彩色可以与其他有彩色的服装很容易融合到一起，白色又是与其他服装搭配的万能色，并起着衬托的作用。以白色作为背景搭配其他颜色，最容易协调。

白色衬衫

（2）高明基调单色衬衫。它是指那些有色彩倾向但明度较高的浅色系衬衫，例如，淡蓝色、淡绿色、淡紫色等；最为人们接受的是淡蓝色调，礼仪级别仅次于白色衬衫。

浅色系衬衫

（3）牧师衬衫。起源于美国，是美国社会的蓝领阶层向往上流社会的一种设计。衬衫的领子和袖口是白色，衣身以浅蓝色为主，也有其他单色和隐条纹的衣身。因为它含有上层社会服装进程的痕迹和包容性，被纳入到绅士着装规则系统中。

牧师衬衫

（4）条纹衬衫。这是工业革命以后工商业崛起的产物，它给人一种含蓄、内敛、有序的感觉，可以说是一种有个性表达空间的衬衫。细细的或是隐形条纹体现着商务及公务人士的精明、干练与有序。条纹越宽或显形，越显得不那么正式，外穿更合适。

条纹衬衫

（5）格纹衬衫。它明显带有俱乐部的信息，虽然在所有的衬衫中礼仪级别最低，但它所蕴含的英国贵族血统而表现出休闲的优雅，因此被排除在礼服衬衫之外，而是与运动西装、休闲西装组合的最佳黄金搭配。

格纹衬衫

（6）花色衬衫。它和大格子衬衫是同一属性，因结构宽松而规整，穿着自如，是绝对的外穿休闲衬衫。

花色衬衫

2. 正装与衬衫的搭配

在衬衫搭配西装时，衬衫的袖子长短要适度。最美观的做法，是令衬衫的袖口恰好露出来1厘米左右。

公务正装西装搭配衬衫的注意事项如下。

（1）色彩方面。正装衬衫必须为单一色彩。在正规的商务应酬中，白色衬衫是商界男士的唯一选择。除此之外，蓝色、灰色、绿色、黑色有时亦可加以考虑。杂色衬衫，如红色、粉色、紫色、绿色、黄色、橙色等穿起来有失庄重之感的衬衫不可取。

（2）图案方面。正装衬衫以无任何图案为佳。在一般性的商务活动中可以穿着较细的竖条纹衬衫，但必须禁止同时穿着竖条纹的西装。印花衬衫、格子衬衫以及带有人物、动物、植物、文字、建筑物等图案的衬衫，均非正装衬衫。

（3）衬衫的衣领。正装衬衫的领型多为方领、短领和长领。选择衬衫衣领时，应与个人的脸形、脖子长短及将打的领带结的大小结合，不能使它们相互之间反差太大。有时可选用扣领的衬衫。立领、翼领和异色领的衬衫不适合于同正装西装相配。

（4）衬衫的衣袖。正装衬衫必须为长袖衬衫。正确使用单层袖口和双层袖口。双层袖口的衬衫又称法国式衬衫，主要作用是佩戴装饰性袖扣（又叫链扣、袖链），可为自己平添高贵而优雅的风度。在国外，袖扣是商界男士在正式场合所佩戴的重要饰物；但若将其别在单层袖口的衬衫上，就不伦不类了。

（5）衬衫的衣袋。正装衬衫以无胸袋为佳。如穿着有胸袋的衬衫，要尽量少往胸袋内放东西。

3. 领带

领带讲究具有应时性。礼仪以时为大，可通过领带的色彩及图案、面料、系法的不同，分析各种场合着装礼仪的讲究。

（1）领带的色彩及图案。

① 净色（也就是素色）领带。礼仪级别最高的要数黑色、深蓝色、深酒红色、深灰色等一些暗色调的领带。相反，浅色调的领带就没有深色调的领带级别高，其中银灰色的领带级别最高。

净色领带

② 斜条纹的领带。斜条纹领带是职场社交最保险的领带，非常适合西

服套装。斜条纹领带因为军团文化的背影，暗示信任、可靠、力量，象征着团队精神。斜条纹一般呈45°，分左斜和右斜，一般以左斜为主。这种左右斜的区分与斜纹大小有关，来源于欧洲很多的俱乐部。在原始的欧洲社会里面，领带不同的斜纹代表不同的俱乐部，代表不同的俱乐部精神，不同颜色、不同宽窄代表着不同俱乐部的个性。颜色越深礼仪级别越高，颜色越浅礼仪级别越低。细条纹领带传递出职场人士精明稳重的风度，粗条纹给人以诚实和力量感，单色和双色斜纹要比花色斜纹显得高档一些、级别高一些。

斜条纹领带

③ 几何图案的领带。比如三角图案、椭圆图案、圆点图案或者是各种几何图案的搭配。这种领带看起来有些复杂和矫饰的味道，越是简单其礼仪级别越高，因此几何图案的领带和休闲西装则是得体的搭配。

几何图案领带

④ 动植物图案或是具象图案。具象是有所指的，按佩戴的场合选择图案。比如打猎、垂钓，可以选择小鱼的图案、猎枪图案、马的图案、自行

车图案，因为这些图案源于户外狩猎；但是在职场里面戴这个就糟糕了。领带本来就是程式化的，看你强调的是什么。当你强调休闲时礼仪就让位于公用，怎么穿着舒服怎么来。当然，舒服里面有一些潜规则在里面，需要注意，避免使用一些带有欧洲的家徽和章纹的领带。

动物图案领带

（2）领带的面料。

一般情况下，优质领带使用的材料为100％的桑蚕丝，也就是用真丝来制作的；因为只有真丝能保证领带的光泽。

（3）领带的系法。

四步活结法（the four-in-hand knot）、温莎结（the Windsor knot）和半温莎结（the half-Windsor knot）成为社交中最普遍的领带系法。四步活结法用途最广，造型也最为吸引人。较长的领结拉长了人的颈部，稍微有些倾斜的外轮廓线使领带有一种不经意的不对称效果。这种系法既适用于厚面料制成的领带，又适用于薄面料制成的领带，可与所有领型的衬衫搭配，也是最普遍使用的系法。温莎结是宽结法，讲究对称性，它的宽厚特点与其系法的复杂精细，常与宽大的衣领（温莎领）配合使用，从而显得优雅精致。半温莎结是细结法，也是最简单的系法，适用小巧的衬衫领，是一种快捷休闲的打结方法。

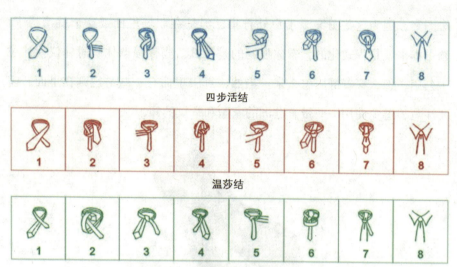

四步活结

温莎结

半温莎结

领带的三种系法步骤

领带结展示

　　领带的长度一定是领带尖到腰带的最中心，但不超过腰带，其长度一般为 139～142 厘米。

领带的长度

4. 袖扣

袖扣用在专门的袖扣衬衫上，是衬衫的一个重要展示部件，代替袖口扣子部分。它的大小与普通的扣子相差无几，却因为精美的材质和造型、更多的款式和个性化需求的定制，很好地起到装饰的作用，在不经意间让男人原本单调的西装风景无限。

对于讲求品位的男人而言，也许除了戒指之外，袖扣就是面积最小的装饰了。因为袖扣材质多选用贵重金属，有的还要镶嵌钻石、宝石等，所以它从诞生之日起就被戴上了贵族的光环，也因此成为人们衡量男人品位的单品。如何挑选、搭配、使用袖扣，是男装搭配的一门学问。

袖扣

5. 鞋子

远看头，近看脚，"脚上无鞋穷半截"，可见在整体着装上鞋的重要性。鞋子按照礼仪级别可划分为正式皮鞋和休闲皮鞋，正式皮鞋以纯净面牛津皮鞋为经典。鞋子按照使用的时间可划分为晚上使用的漆皮鞋和白天使用的牛津鞋。漆皮鞋鞋面非常光亮，仅适合与正式晚礼服搭配；牛津鞋则是全天候礼服皮鞋。从服装搭配来看，常服西装的黄金搭配是系鞋绳的黑色皮鞋，不系鞋绳的黑色皮鞋搭配夹克是不错的选择。按照从正式到非正式的程度排列，传统型高于异型，亮质高于毛质，黑色高于浅色，系带高于非系带，素面高于花面。给西装配鞋，最不会出错的方法就是选颜色略深于套装的鞋。如果上下衣服颜色不同，那你就先找出在全身占比例最大、分量最重的那个颜色，然后再找一双颜色相同的鞋和它相配即可。与休闲装搭配，鞋的材料、颜色、款式和整个休闲着装要相协调。

皮鞋

6. 袜子

袜子在整体装束中是最容易被忽视的部分，这个细节的失手往往是致命的。例如，当一次正式会见或谈判时，彼此坐定沙发，足踝间露出雪白的运动袜或是光光的脚踝，是极为尴尬的。职场中袜子的颜色是个敏感区，不分场合我行我素是职场的大忌。在选择上如果缺乏这方面的知识很容易出错，花色和质地往往成为选择袜子的第一要点，其实比图案和质地更容易被忽视的是袜子的长度，它可以达到小腿中部，只有这样才能保证坐下的时候不会露出小腿的皮肤。当然，这是在西服套装以上的服装环境中的要求。选择袜子的颜色和图案，在职场中最基本的原则是保证不要使袜子与裤子颜色形成强烈的对比，无论在什么情况下都要与整体服装相协调，有图案的袜子更适合休闲场合，净色的特别是深颜色的袜子适合正式场合和职场。

袜子

四、女士服装知识和修养

"云想衣裳花想容"，女人是受上天宠爱的。当今女性们的着装时尚亮丽丰富多彩，既可以套上各式各样美丽的连衣裙，也撑得起挺拔帅气的西服。相对于偏于稳重单调的男士着装，女装是男装女装化的演变，在颜色、质料及搭配上比男装广泛得多，这也是女性服装丰富多彩的原因。不过，女装无论怎么演变都脱离不了男装的 TPO 着装原则的制约，以万变应不变，女士着装的规则是必须在 TPO 的程序下而改变，必须在 TPO 原则下进行。要问自己着装三个问题：我希望表达什么？我的角色是什么？我该如何表达？对于一个职场女性来说，选择服装的评判标准是：这件服装适合我今天所处的场合吗？解决这个问题之后，才能考虑漂不漂亮的问题。有一句话说得好，得体比美丽更重要，不同时段的着装规则对女士尤其重要。人们都喜欢着装高雅的女性。白天工作、会谈、参加正式会议等，女士应穿着正式套装，衣着应庄重考究，以体现专业性；晚上出席聚会或酒会，着装就要发生改变，如一件背心小黑裙，换一双高跟鞋，戴上有光泽的佩饰，围一条漂亮的披肩或丝巾；出席正式宴会时，则应穿中国的传统旗袍或西方的长裙晚礼服；而在朋友聚会、郊游等场合，着装应轻便舒适。试想一下，如果朋友聚会时大家都穿便装，你却穿礼服就有欠轻松；同样，如果以便装出席正式宴会，不但是对宴会主人的不尊重，也会令自己尴尬。女性在不断变化的场合中选择合适的着装，得体的着装不仅可以显得女性更加美丽，还可以体现出一个现代成功女性良好的修养和独到的品位。

（一）礼服

女士礼服是指出席正式社交场合所穿的服装，一般是采用连衣裙形式，最具代表性的为第一礼服和第二礼服。第一礼服也称大礼服，平时用得比较少，正式、重大宴会时才使用。第一礼服有晚间和日间之分，晚间礼服要求奢华夺目，其款式低领露肩，长度至脚踝处，面料有光泽感（如绸缎、天鹅绒等），其装饰和首饰多也闪亮；日间礼服则相对保守，低调朴素，款式浅口不露肩，相对地首饰也少。

女士第二礼服也称小礼服或轻礼服，使用率较高，长度至小腿中部到脚踝之间，面料有绸缎、雪纺等，其搭配和配饰相对于第一礼服更加朴素和简化，除搭配披肩之外，还可与常服上衣相搭配，形成一种调和风格的礼服套装，也称为调和套装。

女士礼服

晚装服饰的特色、款式和变化较多，要根据不同场合和需求的风格而定。闪亮是晚装服饰永恒的风采，但全身除首饰之外的亮点不得超过两个。晚装多以高贵优雅、雍容华贵为基本着装原则。西式晚装多为开放型，强调美艳、性感、光彩夺目；中式传统晚装以旗袍为主，注重表现女性端庄、文雅、含蓄、秀美的姿态。晚装既要讲究面料的品质，也要讲究饰品的品质。晚装好的品质可以烘托和映衬女人的社会形象和品质。

中式传统晚礼服

（二）公务常服

公务和商务女士常服配置的方法，可参照绅士着装规则中男装常服的三种形式。由于女装社会属性和自然属性丰富，在色彩、款式、面料及配饰等方面的范围远远超越男装，上可借鉴礼服元素，下可运用户外服语言，所以女装的丰富性和实用性比男装要宽泛得多。下图展示的是女士职场服饰的基本配置格式。

西装＋裙子　　　　　　西装＋裤子　　　　　　西装＋连衣裙

西装作为一种衣着款式进入女性服装的行列，体现女性和男士一样的独立、自信，也有人称西装为女人的千变外套。上图中的三种套装都叫职业装，在职场里面都会出现，但是给人的感觉不一样。在职场中，西装＋连衣裙是女人味十足的搭配方式；西装＋裤子是趋向男人味的中性搭配；西装＋半身裙则是有点女人味的搭配。这三种是女士公务常服的基本款式。上衣的选择（款式、颜色等）则可较多变化，如：双排扣、单排扣，青果领、戗驳领、平驳领或是无领等，根据爱好、风格、流行，怎么变化都可以。决定今天穿哪套服装的因素，是"今天到哪里去""去做什么""希望得到什么"，这就是国际通用的着装规范———TPO 原则。

美化型套装

女士的西服套装无论是以上哪种形式，只要颜色和材质相同，上衣是西装，搭配短裙、裤子或是连衣裙，都可以翻译成 suit（西服套装）。女士套装是体现职业女性的工作态度与女性美的"最好的道具"。因从男装借鉴过来以后又形成了女装的一套体系，不扎领带，但有很多饰品可以选择，如丝巾、胸针都是很好的配饰。

在比较正式的场合里，女性应选择正统型套装，款式直线感，趋向男性化。在比较宽松的职业环境里，美化型套装，款式曲线感，把沉闷的西装穿出女人的妩媚与灵动，既职业又不失女性的温婉娇俏，在非正式场合深受女性的喜爱。服装的质地应尽可能考究、不易皱褶，色彩应纯正。服装应以舒适、方便为主，以适应整日的工作强度。办公室服饰的色彩不宜过于夺目，应尽量与办公室的色调、气氛保持和谐，并与具体的职业分类相吻合，忌用袒露、花哨、反光的服饰。

正统套装类　　　　　　　　　　美化套装类

外出职业装服装款式应注重舒适、简洁、得体，便于走动。不宜选择过紧或宽松、不透气或面料粗糙的服饰。在正式的场合，要以西服套裙为主；在比较正式的场合，可选用简约、品质好的上装和裤装，并配以高跟鞋；在比较宽松的场合，虽然可以在服装和鞋的款式上稍作调整，但切不可忽视职业特性。外出工作时，服装风格不要有强烈的表现欲，干扰他人视线；色彩不宜复杂，应与发型、妆容、手袋、鞋相统一；佩戴饰品不宜夸张；手袋宜选择款型稍大的公务手包，或优雅的电脑笔记本公文手包。

公务礼服的品位和格调具有代表性和典型性。服饰的优良品质是最为重要的。色彩应以黑色和贵族灰色为主色调，忌用轻浮、流行的时尚色系，做工要精致得体，并应特别注意选配质地优良的鞋子。佩饰应小巧而精美，服饰和佩饰的重点是衬托女性高雅迷人的气质。手袋是身份的显要体现，应选择质地优良、色彩和谐、款式简洁的精美手袋。

女士职业装搭配　　　　　　　　女士公务礼服

　　职业休闲服具有生活服饰和职业服饰的双重性，还是一些轻松的职业场所适用的服饰。舒适大方是休闲服的基本特点，能体现女性的成熟和优雅。休闲服还可充分体现回归大自然的生活理念，展示女性的坦诚、自由和从容。休闲服的面料大多是优质的天然材料，色彩亲切、柔和，易于吸汗，不需熨烫。高度洁净的休闲服所衬托出的品质甚至会优于其他服饰。

女士职业休闲服装

（三）服饰品

　　从下图的有无饰品的比较可见，饰品其实就是服装中的精灵。一件好的饰品会起到画龙点睛的作用，会使普通的服装展现出不同的光彩，显得生动和灵动。服装和饰品组合起来才称为服饰，服饰的美不仅仅体现为一套美丽的服装，更需要饰品的搭配。服装没有饰品，在形象中只能称作半成品，所以饰品能让服装整体更趋丰富与完整。有人这样说："饰品的重要性甚至超过了服装本身。"虽然这句话有些夸张，但也确实说明了饰品在整个服装搭配乃至整体形象设计中的重要性。服饰品是人类开始着装的最初启蒙，随着社会的发展和演变，服饰品已经深入社会的每个层面。服饰品的造型多种多样，材料选择丰富，色彩也五花八门，它用于人们的服饰的装饰和佩戴，以美化仪表。

首先，服饰品色彩在服装整体搭配中的作用：一是选择与服装相同或同类色相的饰品，可以使服装整体色彩达到统一，色彩效果更加充实，使人的视觉得到空间上的延伸和扩展；二是选择与服装色彩构成对比色的服饰品，对比色的出现可以使服装的整体色彩效果变得丰富饱满，使整体设计更加生动有力，例如在一件红色衣服上加一条黑色的腰带，会使整件衣服色彩更加饱满。总之，服饰品的色彩要适度，要有一定的比例关系才能体现出美感。

其次，服饰品在造型方面，应遵循点线面相结合的原则，形成一种层次美。有效利用配件可以点缀服装或者改变样式，增加服装美感。例如职业装比较正式严谨、款式简洁，可以在前颈处系一条丝巾或者在胸口处别上一枚胸针，抑或系上一条腰带，就会使服装显得生动一些。还有晚礼服的设计，一般晚礼服比较大气、端庄、简洁，如何在人群中脱颖而出，就需要配饰发挥作用了。这时选择的饰品一般都比较大气端庄、光彩夺目，但一定要注意搭配合体，不能一味追求华美而不合时宜。

最后是服饰品的材质风格，如羊毛呢大衣配一条羊绒的围巾会有温暖感，如果配上丝巾就会显得更加柔和；旗袍配上珍珠元素，就会显得更加高雅和有韵味。

饰品的点睛作用

如何让饰品与服装的搭配达到真正的美感，我们要找到适合自己的饰品，不仅要注意场合、饰品颜色和材质上的区别，更要与自身的比例和量感相呼应，这样才能在整体形象中不显得突兀或被忽视，起到装点服装的作用，凸显服装的价值，更能体现出自身的品位。

1. 根据量感搭配饰品

如果今天你要出门，不管是上班还是和朋友逛街，都要穿着打扮。你会穿一件什么样的衣服呢？如果衣服上有图案，选大图案的还是小图案的好呢？佩戴的饰品也要思量一下。就拿戴耳环来说，耳环是厚重的还是比较小巧的合适呢？如果今天你要带包，那么你是适合大一点的包还是小一点的包呢？

以上所说的这些好像都没有什么关联，但是它们的搭配却决定了你的形象中很重要的一项因素——量感。

那么，什么是量感呢？量感是视觉或触觉对各种物体的规模、程度、速度等方面的感觉。服饰中的量感分为五官的量感和身材的量感。如果一个人整个身形的骨架比较大，那么量感特征就表现为重量感；相反，小骨架就表现为轻量感。当然，还有一个介于大和小之间的统称为中量感，或者说量感适中。

五官的量感由五官的骨骼大小，内轮廓长度，五官内部眉、眼、鼻、嘴的比例大小来共同决定。五官内轮廓偏短，五官呈现活泼感，量感小；内轮廓偏长，五官呈现沉稳感，量感大。

五官的骨骼可以通过手腕的周长来衡量，因为手腕骨骼的大小代表身材骨骼大小。一般身体骨骼大的人，其五官骨骼也偏大；反之，身体骨骼小的人，其五官骨骼就偏小。

个人量感总体分析小结：

（1）身体：A. 骨架大　　　B. 骨架小　　　C. 中间

（2）脖子：A. 粗　　　　　B. 细　　　　　C. 中间

（3）锁骨：A. 明显且大　　B. 不明显　　　C. 中间

（4）脸：　A. 脸盘大　　　B. 脸盘小　　　C. 中间

（5）五官：A. 夸张立体　　B. 平淡柔和　　C. 中间

如果你的测量结果是 A 选项居多，那么你就属于大量感；如果你的测量结果是 B 选项居多，就属于小量感。如果是 C 选项居多或者是 A 选项和 B 选项的结果一样多，就属于中量感。

2. 饰品的分类和搭配方法

饰品是指与服装搭配，对服装起修饰作用的其他物品，主要有丝巾、胸针、首饰、提包、手套、鞋袜等。饰品在着装中起着画龙点睛、协调整体的作用。胸针适合女性一年四季佩戴，应因季节、服装的不同而变化。首饰主要指耳环、项链、戒指、手镯、手链等，佩戴首饰应与脸型、服装协调，首饰不宜同时戴多件，比如戒指，最好只佩戴一枚，手镯、手链也不能一只手戴两个以上。多戴则不雅且显得庸俗，特别是工作和重要社交场合穿金戴银太多非常不适宜，不合礼仪规范。饰物的选用也应遵循 TPO 原则，重要的是以和谐为美。

（1）包袋。包袋不仅用来存放带出门的东西，更是整体造型品位的指针。包袋对人（特别是对女人来说）非常重要。大部分女性朋友可能都有这样的经验：只要出门没带包袋，就会有一种莫名的不安全感。女生每次出门标配都会带一个包袋，其实包袋与服装搭配也有一定的学问。一位名牌服饰店的经理说过，他在判断客户是否具有潜在购买力时，并不是看她所穿的衣服，而是观察她的包袋。他认为，挑选、搭配包袋的难度远胜于挑选衣服。一个女人的品位如何，往往从包袋可以知晓。知道如何选购包袋不够，还要知道如何搭配才行。

如何将包袋搭配得好看得体，落落大方，首先要选择与自己服装风格相配的包袋，其次是颜色搭配。

平常生活中包袋分为三大类：公务包、休闲包、手包。

① 公务包。公务包是适合公务场合使用的包，一般是手提包，以能装下 A4 纸大小为宜，款式简洁大方，实用性强。造型多选用硬质定型设计，材料大多选用真皮面料，黑色最为常见和经典，女士也可以根据自身服装

的颜色选择不同颜色和花色的公务包。

女士公务包

② 休闲包。休闲包是与非公务服装搭配使用的包，分为手挽包、肩包、夹包、背包、索包等类型，材料大多选用柔软的皮革或柔软的布料，实用性强。包面及边角处常附加装饰图案和各种精美配件，是适用范围最广的包袋类型。在造型上，多选用半硬和软体设计，款式较多，有平面分割、立体褶皱、编织等多种表现形式。色彩变化丰富，单一色彩或多色组合设计色彩方案都可选择。

女士休闲包

③ 手包。手包分为公务手包和宴会手包。公务手包与公务手提包的设计、材质相似，比公务手提包略小一些。宴会包的装饰性大于实用性，女性一般出席社交场合时携带，如晚宴、酒会等。这种类型的包薄而小巧，表面用人造珠、金属片、刺绣图案、花边和金属丝等装饰。

包袋颜色的搭配：同色法最容易上手，也最不易出错，包袋与身上任一件单品（如上衣、下装、鞋子等）的颜色相呼应，会使得全身搭配和谐。

女士手包

女士包袋与服装的搭配

（2）胸针。胸针常与耳环、项链一起，构成三件套装首饰。

名人与胸针

胸针，顾名思义，是指人们佩戴在胸前的一种装饰品。广义的胸针应当包括别针、插针、胸花等。

胸针的来历，可追溯到石器时代。古人将兽皮或简陋的织物披在身上的时候，需要用锐利的兽骨或鱼刺等来固定自己的遮身物。这些起固定作用的东西，正是胸针最早的形态与功能。另外，据有关著述的观点，胸针最早可能是作为一种宗教象征及护身符而出现的。早期西方基督教的法典上常常规定，高僧及传教士必须在胸前佩戴一种嵌有宝石的宗教象征物，作为驱邪避魔的护身符。我国古代官员的胸前也常常佩戴类似装饰物，只不过这些装饰物除了护身符作用外，还是一种权力、地位的象征，就如现在的公司的徽章。后来，这些饰物逐步演变成为今天的胸饰。

一位奥地利作家曾在他的小说中写道："胸针之于女性，象征大过于装饰，因为它是所有饰物中唯一不和女性身体发生接触的特例。而即便高贵如女皇，在佩戴胸针时也必须谦卑俯首，那时往往会有一阵微微的眩晕，因为，你看到的是你心上的自己。"

胸针属于多种用途的首饰。或许你嫌胸针过于单调，你可以尝试换一种胸针风格，将它佩戴在领口、腰间、帽子、围巾上等，不仅新颖，也让胸针变得好玩起来，可以增加或削弱外观某一部位的注意力，达到使衣服和首饰相得益彰的效果。胸针的质地、颜色、佩戴位置，需要考虑与服装的配套、和谐。一般来说，穿大衣或西装时，可以选择大一些的胸针，材料也要好一些，色彩要纯，要稳；穿衬衫、薄型服装，则可以佩戴款式新颖别致、小巧玲珑的胸针。

女士胸针与服装的搭配

　　胸花是增添女子魅力的又一种饰物。在胸部耀眼的部位上别一枚胸花，可以充分体现出女性妩媚、温柔的独特风韵。胸花的色彩与服装的颜色以及穿着的场合，如果能很好地配合，那么就能对女性的美起到调节的作用。

女士胸花

　　胸针一般别在服装的前胸部位，可以在正中，也可以偏于一侧。可以别在西服式衣领上，也可以别在前胸袋口处，有较大的随意性。一枚小小的胸针，戴在不同的面料上，或是与不同样式的服装相配，所产生的点缀效果乃至整体的审美效果都是不一样的。

　　（3）耳环。在所有首饰中，耳环处在人体最明显、最重要的脸部，因此，正确选择与佩戴耳环是一门非常重要的美容学问。佩戴耳环主要应注意耳环与脸型和五官的量感相协调，才能收到好的打扮效果。

　　① 根据脸型选择耳环。方形脸，适宜戴圆形、椭圆形、钥形或卷曲线条挂式耳环（耳坠），这样可以缓冲脸形的棱角。不宜戴方形、三角形或四方有角的耳环。

　　圆形脸，适宜戴边角形、之字形、叶片形、尖形的耳坠，能造成一种修长感，使人显得秀气。

　　心形脸，宜选戴三角形、大圆形、钳形的耳环，这样脸型和耳环就显得协调。

瘦长形脸，戴纽扣形耳环可使脸部显得较宽。

三角形脸，最好戴上窄下宽的耳坠，如心形、梨形等，这样可使本来瘦尖的下颌显得丰满一些，也显得玲珑别致。

鹅蛋形脸或椭圆形脸，戴耳环的视觉效果较好，可随心所欲地戴任何形状和式样的耳环。色彩是最大众化的美感形式，因此耳环颜色与肤色的协调也是不可忽视的。

② 根据肤色选择耳环。肤色较白，可选择颜色较浓艳一些的耳环，如鲜红色、深紫色、咖啡色或淡红色的耳环。这种肤色一般选择耳环颜色的余地比较大，大多数色调的耳环都能起到较好的装饰效果。

皮肤呈古铜色，要佩戴颜色浅淡、明快一些的耳环，如乳白色的象牙耳环、奶油色的玛瑙耳环、淡绿色的月光石耳环或浅紫色的水晶耳环。

肤色较黄，以佩戴银耳环、白色合金耳环较好。

肤色较黑，选戴银白色的耳环为好，金色的也可以。珍珠的色泽也适合配衬各种肤色，无论是雪白的肌肤还是其他颜色的，珍珠耳饰都能发挥相同的效果。

③ 根据量感选择耳环。要注意量感和年龄感。量感大的脸型和体型，就戴大的耳环；量感小的，就戴小的耳环；量感中等的，就戴中等的耳环。

（4）项链。项链根据材质大致可以分为金属材料项链（如白金、黄金、彩金、银质等）和珠宝项链（如宝石、钻石、珍珠等）两大系列。项链作为女性的饰品，如果佩戴得当，就会给人视觉上的冲击，为形象大添光彩，所以女性要懂得如何佩戴项链。

① 不同的颈形应搭配不同的项链。佩戴项链的要诀是，要造成视觉变化以弥补颈项的不足。脖子长的人要选择有横纹、较粗的短项链或者颗粒大而短的项链，使其在脖子上占据一定的位置。由此对比而造成的层次丰富感，在视觉上能缩短脖子的长度。脖子长而体形和皮肤都比较好的人可

以走两个极端：色彩鲜艳的和色彩较暗的彩金项链，都会产生好的效果。对于脖子较短的人来说，则宜佩戴较长的项链或 V 形项链，因为直线条可将对方的视线由上往下引，这样就可增加颈部的修长感。

佩戴项链前后对比

② 首饰的佩戴要注意根据自身的先天条件，扬长避短，挑选项链坠与自己的身形搭配。如果你是身材匀称、脖子细长的女性，可以选择复杂一点的项链坠款式，或是单坠花哨的款式，这样不仅可以突出首饰的效果，也能彰显自身身形的优点；身材娇小、脸型圆润的女性可以选择简单灵动的，或长形的项链坠款式，能起到整体拉长的效果；身材高大、体型偏胖的女性选择一些设计夸张、体积大一点的款式，与自己的体型搭配匀称协调，尤其要避免选项链偏短、项链坠偏小的款式。

不同的脸型和体型应佩戴不同的项链。椭圆形脸最符合东方女性的传统审美标准。这种脸型在项链的佩戴上，几乎各种款式都能与之相配。方形脸的女人适合戴 V 形加吊坠的项链，中等长度的项链也是首选，因为它可以让脸看起来较修长。与方形脸相反，尖形脸的女人不宜选用 V 形的项链，因为它会重复你脸型的尖线条，这种脸型的女性应该选择横条纹项链以及短项链，这样可以使你的脸型更显柔和。圆脸的女人宜佩戴长一些的项链，例如用中型大小的珍珠制成的长项链，可以使脸型看起来长一些，并能让脸看上去瘦一些。此外，在项链下面加上美丽的项链坠，也会起到修饰脸型的作用。

③不同的服装应搭配不同的项链。在项链与套装的搭配上，项链的材质、色彩、款式、质地、长短、粗细及风格等因素，都是需要重点考虑的。这些要素既要与套装的面料、色彩、款式相协调，也要与套装的职业性和整体性特征以及端庄、简洁的风格等相衬。在穿便装、休闲装时，可以随自己的喜好，根据衣服的颜色、质地等因素，佩戴木质、陶质、石质项链，这样的搭配可以让你轻松拥有休闲韵味。穿礼服时，应佩戴珍珠项链或与礼服相称的金属钻石类项链。领子和颈饰的边缘模糊不清，或者有相交的衣服是不应搭配项链的。与项链最配的衣服是 V 形领衣服，其次是比较大的圆领，然后是合身的高领。穿着这类衣服时，能够比较容易搭配适合的项链。

（四）丝巾

奥黛丽·赫本曾说："我只有一件衬衫、一条裙子、一顶贝雷帽、一双鞋，却有 14 条丝巾。"女人可以没有昂贵的钻石或时装，但一定要有几条适合自己气质的丝巾。丝巾善于表现女性的柔媚性感，使职场女性更能体现出她们良好的教育、开阔的视野和与众不同的妩媚。

名人与丝巾

丝巾是一件形象升级单品。一块小小的丝巾，通过自己的巧思，可以变幻出多种与众不同的造型，塑造出各式各样的形象。

1. 丝巾的种类

（1）经典丝质。经典的高亮度丝绸是经久不衰的流行材质，这样的材质会凸显皮肤的光泽度，容易把优雅知性的味道带出来，质感偏薄，颜色饱和度高，或轻盈，或具有光泽，是上班、社交场合或晚宴上的亮点。

丝绸丝巾

（2）细腻羊毛针织。羊毛感的围巾给人很细腻和温暖的感觉，针织感让人联想起浪漫的韩剧。搭配上，因为围巾特有的质感，所以比较适合搭配花呢等一些不抢眼的衣服。搭配长款大衣为首选，比较容易突出气质。

羊毛围巾

（3）自然棉麻。棉麻质感的围巾透出强大的亲和力，而且质感较为亲贴肌肤，围起来很舒服，在搭配上也是较为百搭的类型，因为材质中透出的质朴无华，很好搭配衣物。所以，想要温暖、舒适，那就戴条棉麻质感的围巾出门吧。

棉麻围巾

2. 丝巾的风格

小巧可爱的风格：波点、碎花、卡通人物、花边。

可爱风格的丝巾

精致规矩的风格：条纹、千鸟格。

精致图案的丝巾

复古民族的风格：亚光、粗针织、棉麻、粗针织。

91

时尚潮流的风格：对比、不对称、夸张、新潮。

柔美浪漫的风格：波点、花朵、光泽、华丽、性感。

时尚的丝巾

3. 丝巾的形状

丝巾的形状通常分为正方形、长方形和三角形三大类。方巾可搭配各种领型，造型丰富而简洁。长丝巾系法简单，造型自然而且流畅。三角巾时尚感十足，能和服饰达成优美的搭配效果。无论是正方形还是长方形的丝巾，都可以巧妙地达到装饰效果，将其披搭于头上、脖子上、肩膀上、身上或腰间，与各款时装相配，无疑都是潮流达人最心仪的打扮。

丝巾与服饰搭配

根据自己穿的衣服风格搭配不同的丝巾。挑选丝巾首先要选适合自己肤色的颜色，只要丝巾上的其中一种颜色与衣服的颜色一致即可。将丝巾贴近脸部，看一看与脸色是否相衬。然后挑选丝巾大小，从远处照镜子，观察丝巾与体形、服装整体感觉的配合情况，后背和侧面效果也不能忽视。之后再将丝巾整理成平时常用的造型进行试戴，这样就可了解这块丝巾所表现出的风格和效果。

（1）正方形丝巾。正方形丝巾通常可分为小号、中号和大号三款。

一般来说，边长在 90 厘米以下的为小号（基本尺寸 50 厘米 × 50 厘米），小方巾造型简洁而随意，除了可点缀在颈部外，也能用来搭配手提包等各类包饰；边长 90~130 厘米的为中号（基本尺寸 90 厘米 × 90 厘米），可轻松搭配各种服饰，瞬间即可变幻出让人惊叹的丰富造型；边长在 130 厘米以上的为大号丝巾，适用于打造各种复杂的造型，但使用概率并不高。

━━━━━━ 步骤演示 ━━━━━━

步骤 1：
将丝巾对折成三角形

清新浪漫
下午茶

步骤 2：
将丝巾下半部分系成平结

步骤 3：
将结外的两角塞回结内，整理完好

步骤演示

步骤1：
将丝巾整条折成风琴褶

约会中的
甜美风

步骤2：
将两头一大一小、一上一下系成
尖结放在脖子正中

步骤3：
展开下方的丝巾两头绕住上方的小的部分，再打
结系紧固定住上方部分的丝巾，整理完好

正方形丝巾的系法

大号丝巾

（2）长方形丝巾。没有完全固定的规格，市面上常见的基础尺寸为：
宽度 17～40 厘米、长度 140 厘米；宽度 20～53 厘米、长度 160 厘米。长
丝巾因为具有充分的长度优势，更易打造出垂顺飘逸的自然效果，也可以
利用丝巾打造各类优雅的蝴蝶结，使其效果更为流畅和优美。而长丝巾的
系法也较为简洁易学，可折成长条状来系或对角折叠后来系，也可直接用
作披肩，瞬间打造出高贵风格。

长方形丝巾

（3）三角形丝巾。包括三角形形状以及两端设计成三角形、花瓣形形状等的丝巾。有些三角形丝巾还装饰着串珠或流苏，即使是随意地在颈部绕一圈，也可彰显出独特的时尚感与优雅的品位。

三角形丝巾

4. 巧用丝巾修饰身材

如果拥有修长的颈部，丝巾的各种系法尽可以大胆尝试。脖子较短的人，对于丝巾的花色、质地和系法就要比较讲究才行，建议挑选质地薄一点的丝巾，不要将颈部遮盖太多，也不要将丝巾结系在脖子上，要尽量系低一点，形成 V 形，视觉上延长颈部。花色过杂或图案过大的丝巾，也会使颈部看起来更短。另外，娇小玲珑的女人应避免戴太大、太厚重的丝巾。

5. 丝巾搭配小建议

（1）素色衣服搭配素色丝巾。可采用同色系对比搭配法，如黑色连衣裙配中性色系丝巾，整体感强，但搭配不慎会造成整体色彩黯淡。也可以采用不同色系的对比色搭配法。另外，采用相同颜色、不同质感的搭配方式也不失为一种好办法。

（2）素色衣服搭配印花丝巾。最根本的搭配原则就是丝巾上至少要有一种颜色和衣服的颜色相同或接近。

（3）衣服和丝巾上都有印花时，搭配的花色要有主次之分。如果衣服上有方向性的印花，则丝巾上的印花应避免与衣服上的印花重复出现，同时也要避免和衣服的条纹、格子同方向。简单条纹或格子图案的衣服，比较适合搭配无方向性的印花丝巾。

（4）印花衣服搭配素色丝巾。可挑选衣服印花上的某一种颜色作为丝巾主色，或者选择衣服上最明显的一种颜色，根据这种颜色的对比色去挑选适合的丝巾。

（五）腰带

腰带在服装中不仅起到装饰作用，更重要的是可以改善人体比例，提升整体造型，达到视觉上提高腰线的效果。

完美的腰线是打造女人 S 曲线的基本点，腰带的点睛作用当然不容小觑。愈来愈时尚的腰带仿佛已渐渐从"角落"里走出，发挥出越来越强大的时尚效力与潮流效果，可以作为点缀，或者作为整个造型的重头戏。一身简单装扮有了腰带的修饰，似乎更能散发出格外的时尚魅力。

对于女性来说，腰带已经不仅仅是跟裤装搭配的饰品，最重要的是它有很好的塑身作用；但也不是随便就能搭配好，女士腰带搭配还是要讲究法则的。

（1）吊在胯上的宽腰带对大部分人都适合。

（2）薄细的皮腰带最适合骨感的女人，它十分能够体现女人的小蛮腰。

（3）腰带是起画龙点睛的作用的，而不是让人看起来像举重运动员。

（4）如果腰型不是很好，不要用太耀眼的腰带，这样会让人注意到你的不足。当然，最重要的是跟服装色彩整体相配。

腰带与服饰的搭配

（六）鞋子与丝袜

1. 鞋子

鞋子是整体形象的"句号"。鞋品好，衣品才会好。衣服穿得再好看，一双难看的鞋子却会毁掉整体形象。

选择鞋子时需考虑两个方面：一是鞋跟；二是款式和颜色。

（1）鞋子"三跟"。鞋子虽然在我们的整体形象中所占比重较小，但作为细节更应该受到关注。无论你个高个矮，是胖是瘦，身为女性，选择鞋子要从美观、健康、便利、场合等各方面考虑。

第一类是高跟鞋，其鞋跟相当高，在8cm以上，适合宴会场合。

高跟鞋

第二类是我们的日常鞋，鞋跟一般是 5～8cm 高，走路不累，但又能体现女性的肢体美。这类鞋适合于职场。

日常鞋

第三类是平底鞋，比如坡跟鞋、运动类的鞋。平底鞋是一个概念，并不是特指哪双鞋。平底鞋职场上能穿，休闲逛街也能穿，所以要有平底鞋。场合着装体现一个女人的修养程度，如果在不合适的场合也穿着高跟鞋，说明着装修养欠缺。

平底鞋

（2）款式选择。鞋的款式有尖头鞋、圆头鞋、鱼嘴鞋等。个子小巧的女人穿尖头鞋可以延伸腿长，但不适合穿装饰品过多的鞋子；个子高、脚大的人不适合穿尖头鞋，因为本来脚就很长，穿上显得更长了。脚趾不好看的人不要穿鱼嘴鞋。圆头鞋中规中矩，比较好搭配。

（3）颜色选择。鞋子的颜色要与服装或者包袋相呼应，个子小巧的不适合穿颜色过于亮丽的颜色。

2. 丝袜

丝袜形式、材质多种多样，是保护双脚的实用工具，已经成为当下最时尚的单品。丝袜搭配得好，你就是时尚界的达人！

丝袜与鞋子的搭配

（1）与鞋子的搭配。丝袜和鞋的颜色一定要相衬，而且丝袜的颜色应略浅于皮鞋的颜色。如果鞋子本身颜色很艳的话，要尽量选择接近袜子底色或鞋上较深颜色的袜子。大花图案和不透明的丝袜，宜配衬休闲平底鞋。透明的丝袜宜配衬高跟鞋。

（2）与色彩的搭配。上班族不要穿着彩色丝袜，它会令人感到轻浮，缺乏稳重感。黑色、深棕色的丝袜只是在搭配衣服的时候才能显出迷人的魅力，一般仍以肉色、浅灰色、浅棕色为恰当的选择；而白色、红色等另类的丝袜色彩，则较适合年轻的女孩。如果气温低，不适宜穿过薄的丝袜，又不愿放弃穿裙子的妖娆，可以穿两重袜，选择比肤色稍浅并且发亮的弹力很好的羊绒丝袜穿在里面，外面套一双颜色较深的丝袜，这样是不会让人发现袜子里面的秘密的。

第二节　体型与着装廓形——懂得适型而衣

一、个人体型分析

　　人体骨骼由 206 块骨头组成，骨骼外面附有 600 多条肌肉，肌肉外是皮肤。体型即人体最外表的型，由骨骼、肌肉、脂肪组成，骨骼决定了人的高矮，肌肉、脂肪决定了人的胖瘦。体型反映的是身体各部分的比例，如躯干上下之间的比例，身高与肩宽的比例，胸围、腰围与臀围之间的比例等。

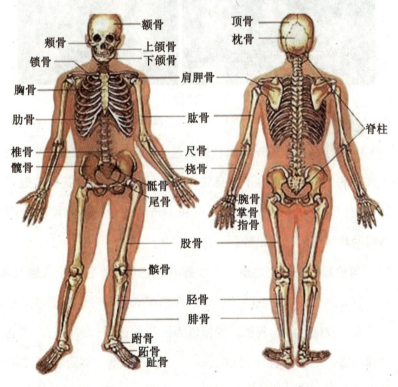

额骨　颊骨　锁骨　胸骨　肋骨　椎骨　髋骨　骶骨　尾骨　上颌骨　下颌骨　肩胛骨　肱骨　尺骨　桡骨　股骨　髌骨　胫骨　腓骨　跗骨　跖骨　趾骨　顶骨　枕骨　脊柱　腕骨　掌骨　指骨

人体骨骼

人物形象构成要素中最重要的一个环节就是人体体型特征的着装修饰。一般来说，进行着装的先决条件就是了解体型，因为体型与着装息息相关。在了解体型以后，才能找出适合的衣服，才能利用服装款式中的廓形和分割线调整视线，让人产生视错，在视觉上可使宽的看上去变窄，窄的看上去变宽，高的看上去变矮，矮的看上去变高，胖人看上去变瘦，瘦人看上去变匀称。

本书将通过对人体体型特征的分析，结合着装廓形的特点，逐步剖析服饰搭配技巧。首先，我们要了解人的基本体型特征，然后对这些基本体型特征进行针对性的设计。人们大多觉得完美的体型是 X 形和 T 形，其中，女性 X 形、男性 T 形体型最符合人们的审美标准。

男性理想体型为肩宽臀窄的倒梯形，也就是 T 形。T 形体型的男性给人以男性的魅力和安全感。

女性理想体型为肩窄臀丰满的正梯形，也就是 X 形。X 形体型的女性让人感觉温柔和有女人味。

为此，我们将这两种体型作为着装廓形修饰的参考标准。不论何种体型，在进行综合设计时，只要向这两种体型上靠，那么越接近就越好。女性往 X 形上靠，男性往 T 形上靠；女性尽量往曲线体型上靠，男性尽量往直线体型上靠。审视上下比例是否正确（以黄金分割比例作为唯一标准）。

（一）女性体型分类

1. X 形体型

胸部丰满，腰部纤细，臀部圆润，曲线明显，是女性感最突出的体型，也称沙漏型。肩膀有棱角，身长比例均衡，骨架从小到大都有，重量分布不均。通常臀部及大腿部位较重，即便腰部有肉，但腰围明显小于臀部及肩膀的宽度。

2. H 形体型

肩部与臀部的宽度接近，身体最突出的特征是直线条，腰部不明显，

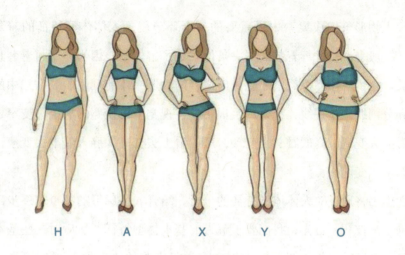

H   A   X   Y   O

女性的不同体型

为 H 形的轮廓线。H 形体型的人直腰高臀，缺乏女性凹凸的曲线美，骨架从小到大都有，脂肪均衡地分布在身体各个部分，或者在腹部周围。

3. A 形体型

肩小臀大，体型最为主要的特征是宽大的臀部，虽然不一定胖，但是臀部的宽度比肩部大，常常溜肩。脂肪的分布不平衡，通常分布在臀部、腹部与大腿上。

4. O 形体型

最为突出的体型特点是肚子圆润，腰部的宽度大于肩部与臀部的宽度。一般 O 形体型的人都比较肥胖，也有体重轻的人是 O 形体型。通常胳膊与腿为正常尺寸，骨架从小到大都有，脂肪多存于腰腹部。大部分 O 形体型也溜肩，胸部也较丰满。

5. Y 形体型

宽肩窄臀，但是有腰，常常是中等到偏大的骨骼结构，臀部与腿部较为苗条。脂肪的分布不平衡，通常分布在身体的上半部。

（二）男性体型分类

与女性形体相比，男性形体分类较简单，如高个、矮个、细骨架、肌肉发达或肥胖等形态。因此，男性体型根据外观大致分为 T 形、H 形和 O 形三种。

1. T 形体型

从正面看，T 形体型的男子肩部最宽，属于倒梯形，充满男性魅力和健康美。通常，这种体型的胸围和腰围相差 16 厘米以上，经常锻炼者可以练成这样的身材。只要个子不过于矮小，塑造各种形体都会非常容易。

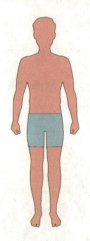

T 形体型

2. H 形体型

H 形体型比较普遍，一般偏瘦，呈直线形。从正面看，H 形体型的肩

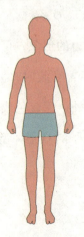

H 形体型

部不是特别宽，胸部和臀部呈直线，一般胸围和腰围相差 15 厘米左右。如果该体型的人非常瘦，会给人带来尖锐的印象。H 形体型的人给他人的印象是富有智慧和具有现代感。只要不过于瘦小，很容易塑造出各式各样的形象。偏瘦的 H 形体型的人穿着灰色、棕色等中间色比深色效果好，不宜选择材质过薄的服装，穿着人字形、小方格等纹样的粗花呢服装使整体造型具有空间感，能够柔化 H 形体型的人的锐利感。

3. O 形体型

O 形体型的人身材较圆，肩部自然下垂，腰围和臀围几乎相等。过于肥胖时，其腰围可能比臀围更大，颈部较短。O 形体型的人给他人较笨重

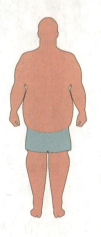

O 形体型

的印象，应塑造充满自信和活力的形象，可以选择直线廓形的服装，因此面料不宜过于柔软或轻薄。穿着套装时，宜选择 V 形领且肩部硬挺的上衣，以便塑造爽朗的形象。此外，深蓝色或黑色等深色的细条纹正装也很适合 O 形体型的人。对于矮个子的 O 形体型的人来说，下衣颜色比上衣颜色深会使人看上去高大一些。

二、服装廓形分析

　　服装外轮廓，原意是影像、剪影、侧影、轮廓，在服装设计上引申为外形、外廓线、大形、廓形等意思，即服装的外部造型剪影。服装的廓形是服装款式造型的第一要素，合理运用服装轮廓着装，能够起到扬长避短的作用。例如：O形身材的人不选择O形轮廓的服装，否则会显得像个圆球；Y形身材的女性不能选择Y形轮廓的服装，否则会显得像男人般硬朗和强悍。

服装外轮廓

　　服饰被称为人的"第二皮肤"，是流动的"软雕塑"，是人的气质、个性、情调、风格的亮相。它是人对自身外在美的一种设计，可以取长补短。服装轮廓在修饰人体轮廓和强调个性风格方面起着举足轻重的作用。服装廓形是服装造型的根本，它进入人们视觉的速度和强度高于服装的局部细节，仅次于色彩。因此，从某种意义上来说，色彩和廓形决定了一件服装带给人的总体印象。一般来说，服装廓形每一个季度都会有非常细微的变化，因此，要想穿出品位与时尚感，抓住每一个季节的廓形特点就显得尤为重要。

服装廓形

服装的基本廓形有 O 形、A 形、H 形、X 形和 T 形。

1. O 形廓形

此廓形的结构线以曲线为主，体现休闲、舒适、随意的造型效果。O 形也称为茧型，即胸部及腰部的形状较为宽松，肩部和下摆则收紧。O 形的造型重点在腰部，通过对腰部的夸大，肩部适体，下摆收紧，使整体呈现出圆润的 O 形观感。此廓形的服饰受流行趋势影响较大，如大衣、灯笼裙、娃娃装等，适合 H 形、X 形、A 形、T 形身材，不适合 O 形身材，它会让 O 形体型的人显得更胖。

O 形廓形

2. A 形廓形

这类廓形结构线以直线为主，往往给人以可爱、浪漫、活泼的效果。服装在肩部、臀部贴合人体，胸部较为合体，再往下则逐渐张开，呈梯形。上装使肩部适体，腰部不收，下摆扩大；下装则收紧腰部，扩大下摆，视觉上获得上窄下宽的 A 形。A 形外轮廓的服装便于塑造身体曲线，飘逸的裙摆有助于改变身体的直线感；上衣和大衣以不收腰、宽下摆，或收腰、宽下摆为基本特征；上衣一般肩部较窄或裸肩，衣摆宽松肥大；裙子和裤子均以紧腰阔摆为特征。如蛋糕裙、百褶裙、喇叭裤等，能让 Y 型身材的女性修饰体型。

A 形廓形

3. H 形廓形

这类廓形结构线一般以直线为主，简洁修长，具有中性化色彩，也称长方形廓形。廓形造型特点是以肩部为受力点，不强调胸、腰、臀三围曲线，整个外观是 H 形，因此定名为 H 形廓形。由于自上而下不收紧腰部，筒形下摆，衣身呈直筒状，使人有修长、简约的感觉，硬挺的面料可以塑造严谨、庄重的风格特征。

H 形廓形

2011年4月27日　2012年3月29日　2012年3月2日　2012年4月5日

伊丽莎白女王着 H 形大衣

　　伊丽莎白女王着 H 形的大衣修饰 O 形身材，H 形轮廓的服装可以将粗壮的腰部有效地掩盖起来。

凯特王妃着 H 形外套

凯特王妃常穿着 H 形直筒外套出席活动，干净利落的线条符合外交场合的庄重，跳跃的颜色冲淡了乏味感，蓝色 H 版外套加上同色系的腰带变成了 X 形，显得端庄和大方。

4. X 形廓形

最能体现女性优雅气质的造型，具有柔和、优美的女性化风格。这是一种具有女性色彩的廓形，款式上夸张肩部，收紧腰部，扩大底摆，结构线以曲线为主。稍宽的肩部，紧收的腰部，自然放开的下摆，整体造型优雅而又不失活泼感。上衣和大衣以宽肩、阔摆、收腰为基本特征；裙子和

X 形廓形

裤子也以上下肥大、中间瘦紧为特征。

5. T形廓形

这类廓形结构线以斜线为主，轻快、洒脱而富有男性气息，特点是肩部夸张，常采用垫肩或将肩部垫得高而平，下摆呈收紧状，下摆内收形成上宽下窄的 T 形效果。上衣、大衣、连衣裙等以夸张肩部、收缩下摆为主要特征。平时常见的有蝙蝠袖、泡泡袖、蝴蝶袖的上衣，裤装则以萝卜裤较为常见，适合 A 形身材修饰肩窄的体型。T 形多用于男装和较夸张的表演装或前卫风格服装设计。

T 形廓形

三、取长补短的着装技巧

为什么我们在商场买衣服的时候，看到模特穿着的衣服特别好看，但当穿到自己身上的时候才发现，跟模特的感觉完全不一样？因为商场的模特是按体型美感比例定做的，大部分模特头小、身子长，什么衣服穿在它身上，甚至是披块布，都能彰显出一种艺术的感染力。而现实中很少有这种体型比例的人，因为比例的失调，这时我们要了解并判断自己的体型比例，然后在着装中取长补短。比如说颈短粗，我们要选择细长的领型；而颈细长的，选择高领、圆领、一字形的领型，综合考虑比例因素才能够达到得体穿着的境界。

（一）人体比例着装搭配方法

绘画界认为，标准的头身比例是八个头长，就是用自己一个头部的长度作为衡量标准，全身高度一共是八个头长，而东方人的头身比例标准是七个半头长。

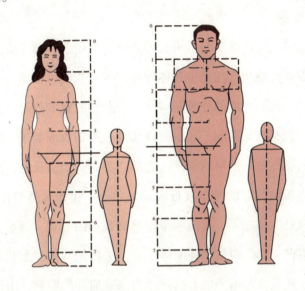

人体比例

1. 头身比例

测量方法：拿一支笔或一把尺子，在一端拴上一根绳子，将笔或尺子水平地轻轻放在头顶上（不要压在头皮上），放在发型的上缘，让绳子自然下垂，到达下颌，在下颌处做一个记号或打一个结，这就是我们自身头部的长度，向下翻倒式地将等于头部长度的绳子一直翻倒至脚底，测量一下自己有几个头长。记住：千万不要把自己的鞋跟算进去。通过测量后全身达不到七个半头长的，说明自身的原始体态属于头大身短型，在塑造自己的整体形象时，千万不要选择扩大头部体积的发型，要理解头部越大身体部分就会显得越短的道理。头重脚轻的体态是极缺乏延伸感的，谁也不希望自己看上去像一个不倒翁。每个人选择的发型，绝不是独立存在的，在选择发型时一定要先观察头身比例的原始条件。在服装及色彩的选择上一定要注意扬长避短。东方人与西方人相比，体态上的遗憾之处就是缺乏延伸的感觉，所以在着装上一定要避免复杂的款式、繁乱的色彩、过多横线条的装饰等。同时避免出现三截腿，因为东方人的身材特征不能够承载那么多杂乱的装饰，要选择与自己身材的原始条件相配合的服饰和发型，应该表现出简约、清爽、利落的风格。

2. 头肩比例

标准的肩部宽度应该是自己头长的 2 倍。原始条件属于头大身短体态的朋友，一定要注意肩部与整个身体的和谐度。我们可以用等于自身头部长度的绳子的一端放在肩的外侧向内侧量，看肩的宽度是否可以达到 2 个头长。能够达到标准长度的，通俗的说法就是所谓衣服架子。时装界选择模特时对肩的比例就有严格的要求。肩部达不到 2 个头长的，选择合适的服装款式可以帮助我们的体态接近和谐的状态。比如选择带垫肩的上衣，选择泡泡袖风格的款式等，就能够帮助修饰我们的肩型。当然，垫肩有大有小，有厚有薄，选择时使整体的体态看上去协调即可。形状都是比较中产生印象的，建议头部偏大的人选择适当加宽肩部的服装，由此来反衬头部，使它和全身的比例接近和谐的状态。

3. 头颈比例

标准的脖颈长度，应是自身头部长度的一半，从下颌到锁骨的距离为脖颈长度，如果接近这个比例，穿衣服就很好选择，选择发型也很容易。脖颈条件不太理想的朋友，在选择服装的领型时，尽可能选择带有延伸感的款式，如窄的 V 领、西服领。不适宜选择长发、中长发、大波浪等 A 形发型。因为在颈部两旁的发量越多，脖子就会显得越短，谁也不希望别人看见自己的头是直接架在肩膀上的。建议选择头部上缘饱满、下部收缩的发型，整体看上去呈 V 形，会显得人的状态是向上延伸的。

有些人的脖子又长又细，建议不要选择窄的 V 形领及其他显得过于延伸的领型。可以试试高领、圆领、一字领、方领等阻断延伸感的款式。设想一下，假如一个人的脸形是偏长的，脖颈也是偏长的，看上去不舒服的感觉是不言而喻的，要综合地考虑脸型、发型和服装领型之间的协调关系。服饰扬长避短的作用是十分明显的，即使喜欢也不要去冒险。

4. 上下身比例

自我测量上下身比例的方法是：用等于自己头部长度的绳子的一端，放在趾骨联合处附近（也就是大腿根部）向上翻倒式地测量到肩部顶端，记住自己的上半身有几个头长。再将绳子的一端放在趾骨联合处，向下翻倒式地测量到脚底，再记住自己的下半身有几个头长。用下半身的头长数字减去上半身的头长数字，看看剩余的数字是多少，就是你的上下身的比例了。假如上半身有 2.5 个头长，下半身有 3.5 个头长，这就是穿衣服最好看的比例了，我们称之为黄金比例。因为下半身比上半身长了 1 个头长。而标准的上下身比例是：下半身长度只要比上半身长出半个头长，就已经符合标准了。上下身比例和谐的人在选择服装款式时，自由选择和发挥的余地很大，上长下短、上短下长的款式都极为适合。

而上下身比例是等长的体态，或者上半身比下半身长的体态，在选择着装时就要慎重了，对服装的款式和色彩方面都要有一些常识性的了解，以免心血来潮选错了服装，将自身的缺点明显张扬，那将变成真正的遗憾了。在搭配服装时不要选择上短下长的款式，要知道上装越短，越会显示出臀部过低、腿部过短的身材状态。选择服装的色彩时，也建议不要选择上装大面积浅色、下装小面积深色的搭配，尤其忌讳下装是七分裤、九分裤、喇叭裤、宽腿裤等款式，一定要避免下装出现方格、横线条、花饰等图案。这些款式、图案和色彩，只会将下半身的比例显得更加纵向压缩和横向膨胀。

（二）身体特定部位缺点的着装搭配方法

1. 胸部

胸部可能会出现的体型问题是胸的大小，也就是胸部的量感。胸部较小的人适合穿带有褶皱、荷叶边、多层抽褶等的服装，并可戴上多个项链。用头巾在胸部周围打结或泡泡袖，同样会给胸部带来量感。

胸部过大的人不宜选择胸部周围有分割线、口袋以及褶边等细节设计的服装。相反，需要用箱形衬衣或多层式服装来遮掩过于丰满的胸部。

2. 手臂

手臂的问题主要集中在手臂长度和围度上。手臂较长的人适合穿七分袖或大袖口的衬衣和罩衫，戴宽手镯。为了让他人的视线不要长时间地停留在你的手臂上，可以用华丽的围巾、头巾、耳环、帽子、太阳镜等饰品进行修饰，使视线上移。相反，手臂较短的人适合选择九分袖、连肩短袖或较长袖子的上衣。插肩袖和服袖等也可以弥补手臂短的缺点。粗臂或者细臂的人不应穿过于紧身的衬衣或罩衫。

3. 腰部

腰部主要存在长度和围度两个问题。腰节过长会显得下体较短；腰节较短虽然显得腿长，但上半身会显得相对肥胖。腰短的人适合选择没有腰线或腰线设计较低的上衣，也可以装饰腰带以降低腰线。如果腰部较长，也可以用立领之类的服装来拉长上体的视觉效果。此外，还可以选择休闲的街舞裤进行搭配。

腰长的人可用宽衣领将视线向水平方向展开，或穿高腰服装以提高腰线。像狩猎夹克一样带有口袋和腰带等细部设计的上衣能分散视线，弥补腰长的缺点。

腰粗的人最好能把别人的视线从腰部转移开。可用宽领或围巾吸引目光，或用稍轻便的织物塑造多层式风格，都能弥补腰粗的缺点。腰过于细长且肚子扁的人，适合穿没有腰线或胸部和臀部之间留有空间的服装。露在衣外的衬衣或带垫肩的短款上衣也能让人显得朝气蓬勃。佩戴饰品时，可选择粗腰带或装饰性较强的腰带。

4. 臀部

臀部的问题在于臀部是否下垂或臀部体积的大小。臀部下垂的人要搭配耳环、项链、太阳镜等饰品来提升他人的视线，也不适合穿过于贴身的裤和裙，可以用夹克、背心等稍稍盖住臀部。臀部大的人可以穿着宽松的上衣来弥补上下身的不均衡，或者用长衣盖住臀部。下身可选择宽松的裤子或者像喇叭裙一样自然下垂的服装。相反，臀部小的人适合穿锥形裤或前面带有褶皱以及臀部有口袋装饰的裤子。

5. 腿部

腿部的问题在于腿部的长短、粗细以及弯曲度。腿短的人不宜选择翻边裤或者短立裆裤。短上衣或高腰上衣搭配与下衣颜色相近的丝袜和皮鞋会显得腿长。

腿弯或腿部较细的人适合穿宽松的裤和裙，不要穿过短的靴子。即便是长筒靴，也不要选择紧贴型的，穿稍微有空隙的靴子效果更好。此外，斜纹软呢或灯芯绒等有厚度感的面料、大胆的格子或方格花纹的裙或裤等物件，也适合这类体型穿用。

（三）脸型着装搭配方法

1. 圆形脸

丰润的圆形脸能使你显得可爱，但也会显得脸大而缺乏立体感，所以着装上就要增加长度感。应选择 V 领的领口，不宜选用圆领。饰品搭配上也要谨慎使用圆形的饰物，否则会让人在你身上看到更多的圆。

2. 方形脸

方方正正的轮廓很容易缺乏女性应有的温柔感。所以这种脸型的人在衣饰选择上跟圆形脸的人刚好相反。应选择圆领、大翻领，而不是方形领。服装的款式剪裁不要太过棱角分明，尽量选择一些柔软的材质。

3. 倒三角形脸

过于尖的下巴看起来太过瘦削，所以应花心思让脸部看起来更圆润一些。可以选择一些大翻领的衣服，通过领型外翻加宽的形式，稍微弥补过窄脸颊的不足。

4. 长形脸

脸部太长就需要衣着的横向感明显一些，以此平衡视觉。所以长形脸的人不宜穿 V 字领或领口开得较低的服装。可以选择一些一字领、方领的衣领样式。

（四）女士体型着装搭配方法

1. X 形体型

服饰：X 形体型的人，若穿着 X 形的服饰，会显得高贵典雅、仪态万千。这种造型生动活泼，寓庄重于浪漫之中，备受人们的喜爱。

配饰：可根据自身的气质和肤色随意搭配饰物。

2. Y 形体型

服饰：上衣最好用暗灰色调或冷色调，使上身在视觉上显得小些，不宜选择艳色、暖色或亮色。花样方面，应采用斜纹、条纹往下集中的设计。下装则应避免黑色和其他暗色，因为这样穿会使腿部显得更瘦，容易造成上身的压迫感，可穿彩色、有膨胀效果的裤子或裙装，这样就能打造出 S 形的完美视觉效果了。

配饰：可利用饰物色彩来表现腰、臀和腿部，避免别人的注意力集中到上部。也不宜选择前胸部有绣花、贴袋之类的色彩装饰物。

3. A 形体型

服饰：服饰色彩的选用原则与 Y 形体型的人大致相反。可采用较强烈的细节色彩，将人们的视线引向腰以上的部位，可使人显得苗条，因为上身和腰肢是这类体型中较为纤细之处。搭配时，上身可选择色彩明亮、鲜艳并有膨胀感的服饰，或胸部有褶皱设计，领部有荷叶边的上衣；下身可选用线条柔和、质地厚薄均匀、色彩纯实偏深的长裙，或暗色单一色调的裤子，注意款式要简单，避免有重复图案、臀部有复杂设计的裤装。这样就能避免别人的视线下移，造成视觉体型上匀称之效果，S形也就能立刻呈现。

配饰：应佩戴色彩鲜艳的、大件的珠宝或者装饰物。避免用宽皮带，因为它会加宽腰部的线条，凸显肥胖的臀部，可选择细的、彩色腰带。尽可能穿着与裙子、裤装同色调的鞋子，统一的色彩可以营造修长感。

4. H形体型

服饰：着装可以通过颈围、臀部和下摆线上的色彩细节来转移对腰线注意的视线。同时，也可采用色彩对比较强的直向条纹的连衣裙，再加一根深色宽皮带，由对比强烈的直向线条造成的视觉差与深色的宽皮带造成的凝聚感，能消除没有腰身的感觉，从而给人以有修养、洒脱轻盈之感。选择打褶、装饰线或别花的上衣，可使得上身更为丰满。穿着横条或质厚衣料的上衣，如宽松的西服，可以使得肩膀加宽。在H形体型的人中，肥胖型的人胸围、腰围、臀围等横向宽度都较大，因而服饰长度也必须相应地增加。全身细长的服饰色彩能改变肥胖笨拙的视觉体态，给人以丰满、成熟、洒脱的印象。尤其不宜在腰线处使用跳跃、强烈的色彩，以减少对腰部注意的视线。

配饰：通过搭配项链、围巾、细皮带，可在颈围、胸口、臀部、下摆线处转移对腰线注意的视线。宽皮带和颜色过于鲜艳的腰带会使腰部成为视线的焦点，皮带的颜色应尽量与裙、裤颜色一致。

5. O形体型

服饰：这种体型的人不宜穿色彩太艳丽或大花纹、横纹等服饰，这样会导致体型向横宽错视方面发展。该体型的人适宜穿冷色小花纹、直线纹路的服饰，以显清瘦一些。色彩忌上身深下身浅，这样会增加人体的不稳定感。冬天不宜穿浅色外衣，夏天不宜穿暖色、艳色或太浅的裤子，因为它会使胖人显得更胖。当然，也不是一定要穿一身黑，可穿彩色内搭，再穿上暗色外套，中间流露出的色彩不仅能增加时尚感，还能增添好气色。款式上切忌繁复，要力求简洁明了。过厚的面料还会使人显得更胖，而过薄的布料也易暴露出肥胖的体型。建议在购买衣物时，一定要反复试衣。

配饰：使用长围巾，可产生拉长的效果。

（五）男士体型着装搭配方法

1. T 形体型

上身适合穿着色彩简单或者有收缩感的颜色的衣服，上身色彩不要过强，脖子周围可用艳色避免穿船领和翻型领。腰部及腿部适合穿着带有兜盖的款式。

2. O 形体型

身上的衣裤颜色宜偏深，脖子周围可用艳色做相近搭配，适合 V 领。避免穿着肩部有相对应的横线或腰部过于宽松的衣裤。

3. H 形体型

可以经常穿着浅色的衣服，适合对比搭配，适合宽松的、有线条感的上衣。避免过硬或过于紧身的款式。

第三节　着装的色彩——懂得适色而衣

每位职业人士身上的色彩组合，向人们介绍了自己的审美品位和文化素养。色彩是一种无声的语言，在服装中起到关键作用的也就是服装的色彩，色彩稍微改变，整个形象就会发生非常大的变化，这种神奇的作用来源于服装色彩搭配的学问。

色彩对人的脸部的影响是，衣服靠近脸部的颜色会向上反光，反光所得到的效果有两种：一是让你看上去像西红柿，脸色透亮红润，容光焕发，显得年轻；二是让你看上去像葡萄，脸色暗沉，精神疲惫，显得衰老。

服装形象装扮首先需要掌握的是驾驭色彩，将两种以上的色彩并置组合在一起，产生新的视觉效果，称为"色彩搭配"。

人基本上是用眼睛来观察、判断和选择事物的。科学实验证明，人的视觉器官在观察物体最初的 20 秒内，色彩感觉占 80%，形体感觉占 20%；2 分钟后，色彩感觉占 60%，形体感觉占 40%；5 分钟后，色彩感觉和形体感觉各占一半，并且这种状态将持续下去。

色彩是感观带给人的第一印象，学习色彩、认知色彩、感知色彩、把握色彩和运用色彩，目的是为了进行服装色彩搭配。服装的色彩搭配，主要指上下装、内外衣以及它们与饰品的搭配组合关系，使服装在整体视觉上形成美好而和谐的色感。服装色彩由两大色彩构成：一是服装自身的色彩，包括内衣、外衣、上装、下装的色彩；二是配饰的色彩，包括帽、包、巾、鞋、首饰、腰带、纽扣、手套、眼镜等的色彩，我们在搭配服装色彩的时候不要忽略了饰品的色彩。在服装中起到关键作用的是服装的色彩，但是在形象中，服装的饰品的色彩会在整个形象中起到点睛作用。这种神奇的作用来源于服装色彩搭配的学问。

服装的色彩搭配

如何才能让色彩为你服务呢？想要看起来和谐，就得学会配色，而配色首先就得找到依据，没有依据你就不知道拿着衣服该怎么配。色调的把握是关键。色调就是说穿戴的服饰的颜色是艳的还是浊的，是暖的还是冷的，是淡的还是浓的。只要了解色彩的三要素，选择了最适合自己的色相、明度和纯度，就可以选择适合自己的颜色。

一、色彩三要素

（一）色相

色相是色彩的种类和名称。所谓色相是色彩的相貌，就像每个人都有自己的名字一样。自然界中色彩的种类多，色相是眼睛对可见光中的每种波长范围的视觉反应，也就是指色彩相貌的特征倾向。这种特征倾向是识别不同色彩的主要依据，如一般的色彩称谓红、黄、绿、青、蓝、紫等颜色的种类变化就叫色相。色相是区分色彩的主要依据，是色彩的最大特征。

如果要改变一种颜色的色相，可以将该种颜色与其他颜色相混。根据不同的比例，任何两种颜色的混合可以配置出许多色彩变化。例如，品红色与淡黄色混合可以产生大红、朱红、橙色、中黄色等。

像玫红、大红、朱红、橘红色也表明的是一个特定的色相，它们之间的差别属于色相差别。在色彩学上，以色相环的形式来研究配色规律。

将光谱色中的六种颜色互相调和，可以调出橙红、黄绿、蓝紫色等丰富的色彩。将这些色彩首尾相连，形成一个封闭的环状，即色相环。

如果某一种红色加白色混合出明度不同的粉红，或在红色里面加灰色混合出几个纯度不同的灰红色，它们之间的差别就不是色相的差别，只能是同一色相彼此明度、纯度不同的红色而已。

（二）明度

明度指色彩的亮度。颜色有深浅、明暗的变化（即色彩的明暗、深浅

色相环

差别）。色彩的明度差别包括两个方面：一是指某一色相的深浅变化，如：深黄、中黄、淡黄、柠檬黄色等黄颜色在明度上就不一样，紫红、深红、玫瑰红、大红、朱红、橘红色等红颜色在亮度上也不尽相同；二是指不同的色相之间存在着明度差别，如黄、绿、紫等，其明亮程度是不同的。这些颜色在明暗、深浅上的不同变化，是色彩的又一个重要特征。我们可以这样来理解明度的概念，在某种颜色里加了白色，颜色的明度就会提高；如果加了黑色，明度就会降低。比如在绿色里加白色，会出现高明度的淡绿、浅绿色，加了黑色以后就会出现低明度的深绿色、暗绿色。

明度较高的影像

明度较低的影像

低明度 ←——————————————→ 高明度

明度的变化

例如：红色里加白色，变成粉红色；红色里加黑色，变成暗红或枣红色。

纯红色与白色混合出明度较高的粉红色

纯红色与黑色混合出明度较低的暗红色

颜色的明度分为高、中、低三个层次。明度不同，表达的感觉也不一样。

（1）高明度（浅、淡、亮、轻）。

高明度

（2）中明度（柔和、雅致）。

中明度

（3）低明度（深、暗、重、沉）。

低明度

（三）纯度

纯度指色彩的鲜艳程度，也叫饱和度。通常是以纯色在某色中所占比例的大小来判断彩度的高低，纯色比例大的彩度高，纯色比例小的彩度低，可见光谱中的各色单色光是最饱和的彩色。当一种色彩与白色混合时，明度得以提高，但也会降低纯度。同样，当某种颜色与黑色混合时，明度和纯度都会减弱。

例如：当绿色混入白色时，成为淡绿色：纯度降低，明度提高。

当绿色混入黑色时，成为暗绿色：纯度降低，明度降低。

纯度的变化包括高纯度、中纯度、低纯度。

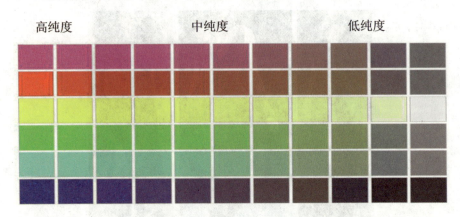

高纯度　　　　　　中纯度　　　　　　低纯度

1. 高纯度：艳丽、强烈、醒目

纯度高的服装颜色适合在中国传统节庆时段使用，少数民族的服装中运用得比较普遍。通过纯度变化产生的色调，我们一般分为鲜调和浊调。鲜调：纯度高的颜色控制画面的色调，高纯度色有显眼的华丽感觉，如黄、红、绿、紫、蓝色，用于社交晚宴或休闲运动服装较多。浊调：纯度

纯度对比

低的颜色控制画面的色调。

高纯度

2. 中纯度：柔美、舒适、优雅

中纯度色柔和、平稳，如土黄、橄榄绿、紫罗兰、橙红色等。中纯度色和低纯度色给人以谦逊、宽容、成熟感；中低纯度色可使人工作专心致志，拉近人与人之间的距离，平心静气地处理各种问题，营造沉静的气氛，适合职业场所办公室，适合于职业服装。

中纯度

3. 低纯度：含蓄、低调、安静

低纯度色涩滞而不活泼，运用在服装上显得朴素、沉静。选择高档面料会使低纯度颜色显得高雅，沉着。

色彩的鲜浊变化和明度变化，构成了色彩的繁复的关系和品性。正是由于色彩的不同纯度、不同色相、不同明度的搭配，才使得色彩看起来纷乱复杂，才使得色彩充满魅力。不同的搭配关系，构成了色彩不同的性格，表达出不同的色彩理解。

色彩的三要素对华丽及质朴感都有影响，其中纯度关系最大。明度高、纯度高的色彩以及丰富、强对比色彩，感觉华丽、辉煌；明度低、纯度低的色彩以及单纯、弱对比的色彩，感觉质朴、古雅。但无论何种色彩，如果带上光泽，都能获得华丽的效果。

色彩中纯度只存在于有彩色系中。在无彩色系中，不存在纯度的变化。纯度和色相是色彩的"血"和"肉"。明度和纯度的变化共同决定了整个搭配当中服装色彩的最终倾向。

低纯度

纯度对服饰华丽感的影响

二、色彩的分类及色彩心理

生活就像一幅绚丽多彩的画卷，我们生活在一个充满自然色彩和人工色彩的环境中，色彩是人们日常生活中不可缺少的一种视觉感受，具有最通俗、最普遍的一种形式美。五彩缤纷、鲜艳夺目的色彩，可以增强大家在精神上、感觉上更高层次的充实感。存在于我们生活周围的色彩，其总数达数万种以上，我们不可能一一命名。为了在认识和使用上更为方便，我们必须对数不尽的色彩做一个系统的分类与整理。根据惯例，色彩可分为三大体系：一个体系是无彩色，黑、白、灰色的单一色彩体系；另一个体系是有彩色，赤、橙、黄、绿、蓝、紫、褐色这样一些彩色系的搭配；还有一类是独立色——金色和银色，即黄金和白银本身发出黄色和白色的金属光泽。在色彩中有光泽的黄色被称为金色，有光泽的灰色被称为银色。金色和银色具有不可替代的独立性。

（一）无彩色系

黑色、白色以及黑白两色相混的各种深浅不同的灰色系列，称为无彩色。在色彩的搭配中起间隔、调和的作用。

无彩色系

有些人对黑、白、灰色是否属于色彩范畴的问题存在着模糊的认识。色彩学中将黑、白、灰色定义为无彩色系，就说明它属于色彩范畴，同其他色彩一样有着鲜明的个性。无彩色只具有明度的性质，没有色相和纯度的因素。人们习惯称黑、白、灰色及金色、银色为"调和色""补救色"。

黑、白、灰色用于服装色彩中不受年龄、性别等因素的限制，是生活服饰中的常见色彩，是服装中应用率最高的色彩。有调查证明，服装中色彩中选率最高的颜色为白色，其次为黑色。黑、白、灰色单一使用及相互间的搭配，使个性强烈的色彩易于协调。正是由于这些难能可贵的特点，黑、白、灰色始终在服装色彩中占有重要地位。西方各国在举行重大活动，如颁奖礼、婚礼和葬礼时，也一律选用无彩色作为最高礼服的标准色彩。

在平常的着装中，人们将黑、白、灰色称为万能的搭配色，善用无彩色，巧用无彩色。如果遇到不清楚用什么颜色搭配身上的一两种颜色时，最简洁的方法就是运用无彩色。建议肤色明度偏低、面部色调不统一的朋友，避免在身上出现黑白两极明度反差大的服装颜色。

无彩色系服饰

黑色与白色的搭配

黑、白、灰色服饰

　　黑色属无彩色系，但也有感情。黑色象征权威、高雅、低调、创意，有严肃、含蓄、庄重、解脱之意，也意味着执着、冷漠、防御。黑色为大多数主管或白领专业人士所喜爱，是需要展示权威、表现专业、展现品位、不想引人注目或想专心处理事情时的首选。黑色同时也代表死亡、刚健、悲哀、坚实、严肃、忧郁。黑色服装的应用非常广泛。在东西方不同的文化体系中，甚至在一些宗教活动中，黑色是经常会用到的颜色。黑色有收敛作用，看起来会显瘦，但是黑色同时也会给人带来沉重感。黑色服装不适合所有的人。肤色明度不高的朋友穿，会由于黑色的吸光作用使面色显得发暗和疲惫，如工作中必须穿着黑色的制服时，建议里面的衬衫选择银灰色、浅驼色、淡黄色等，可以让皮肤颜色显得柔和。黑色与浓烈的色彩组合是摩登的色彩。穿着黑色要格外关注化妆、配饰。

　　白色象征纯洁、纯真、快乐、清静、神圣、清楚、神秘、善良、信任与开放，白色具有圣洁的不容侵犯性。但身上白色面积太大，会给人疏离、梦幻的感觉。当需要赢得做事干净利落的信任感时可穿白色上衣，像基本款的白衬衫就是职业人士的必备单品。如果在白色中加入其他任何色，都会影响其纯洁性，使其性格变得含蓄。白色服装与偏暗的肤色做对比时，会反衬肤色更晦暗，更不干净。那么，肤色暗的朋友是不是就不可以碰白色了呢？也未必。我们可以不穿最高明度的白色，但可以选择米白、乳白、瓷白，这些都比纯白的明度要低。

灰色象征诚恳、沉稳。其中的铁灰、炭灰、暗灰，在无形中散发出智能、成功、强烈权威等讯息；中灰与淡灰色则带有哲学家的沉静。灰色在权威中带着精确，当你在某些场合需要表现出智能、成功、权威、诚恳、认真、沉稳时，可穿着灰色服装。同时，灰色也代表忧郁、绝望、郁闷、荒废、平凡、沉默。当灰色服饰质感不佳时，整个人看起来会黯淡无光、没精打采，甚至造成邋遢、不干净的错觉。灰色是色彩的中转站，灰色可以搭配的颜色范围很广，灰色配粉色、蓝色，或不同明度的灰色组合在一起都会显得十分有品位。

灰色作为明度不高又不太抢镜的色彩，却深得明星们的喜爱。虽然不是出位利器，但是灰色还有一个高端大气上档次的名字——高级灰，穿得好搭得好就变得十分有质感。所以，秋冬季节不妨尝试一件灰色的质感外套，它会让你看起来一点也不浮夸，显得欧美范儿十足。

（二）金属色系

金属色系也叫特殊色系，是带有金属味道的颜色。在色彩中，有光泽的黄色称为金色，有光泽的灰色称为银色。它既不属于无彩色系也不属于有彩色系，而是一个独立的色彩体系，其特点是具有一定金属光泽。金色属暖色，华贵感强，让人联想到古典或复古的色彩；银色属冷色，让人联想到现代，表现的是科技感、未来感。银色比金色略显平和。金属色在色相上虽然有倾向性，却因其对光的折射，色彩闪烁迷离、若隐若现，具有特殊的装饰和变化效果。它们为简洁的服装增色生辉，也是华丽型服装中应有的主要色彩。金属色象征着富贵、权力和等级，是名副其实的豪华、高贵色彩。古代帝王将相、富豪的服饰中大量使用了金属色。现在大面积的金属色主要被应用于宴会、舞会庆典的服装设计中，它在灯光的照射下愈加显得富丽堂皇。金属色在服装配饰中具有装饰性，小面积的点缀可以起到一个非常好的画龙点睛的装饰效果。金属色所具有的折光性，是华丽服装中运用的主要色彩，塑造前卫风格、未来风格。金属色也是 T 台、流行音乐歌手着装的常用色，具有强烈的视觉刺激。日常生活中的服装则不宜大面积使用金属色，可用少量的金线银线作为女装和童装的点缀色，其闪烁的光泽可为平淡无奇的服装增色生辉。金属色作为五大调和色，在运用的时候要把握色彩面积的大小。它经常出现在晚间社交场所的服饰上，女士在使用独立色的金银水钻珍珠等饰物时，身上最好不要超过三件。选择金色面料时，尽量选择金色中略带有土黄色或者褐色倾向的颜色，略带亚光感的金属色显得更加高级。

金属色系

（三）有彩色系

它包括在可见光谱中的全部色彩，它以红、橙、黄、绿、蓝、紫、褐等为基本色。基本色之间不同量的混合、基本色与无彩色之间不同量的混合所产生的千万种色彩都属于有彩色系。有彩色系中的任何一种颜色都具有三大属性，即色相、明度和纯度。

自然界中由三原色混合而成的所有颜色

　　在有彩色系里红、黄、蓝是三原色，所有的颜色都是由它们调配出来的，但红、黄、蓝三色本身是没有任何颜色可以调出的。当原色并列在一起时，最可以表现明快、活泼、跳跃的感觉。间色，也叫二次色，包括橙、绿、紫。三次色是由三种原色按不同比例调配而成，或间色与间色调配而成，也叫复色。

有彩色系服饰

由于东西方文化不同，对颜色的理解也有所不同。颜色本身没有对错，只是人们的解读不同。同时，由于我们每个人爱好不同、阅历不同，对文化的理解不同，即便看到同一个颜色，每个人的感觉也会有所不同，联想和解读都有所不同。

（1）红色。红色是人类最早使用的色彩之一。红色超脱于岁月的变迁，是充满活力和幸运的颜色，是生命的颜色，它适合于所有人。红色代表南方，是正色，在封建社会中属于特权阶级使用的颜色。唐制规定，朝廷命官三品上服紫服，五品上服朱服。在京剧中，红色代表着忠义和胆略。红色象征热情、热烈、自信。红色的色感温暖，性格刚烈而外向，是一种对人刺激性很强的颜色。红色容易引起人的注意，也容易使人兴奋、激动、紧张、冲动，还是一种容易造成人视觉疲劳的颜色。不过，有时候会给人血腥、暴力、危险、鄙俗、幼稚、忌妒、控制的印象，容易给人造成心理压力，因此与人谈判或协商时则不宜穿红色；预期有火爆场面时，也请避免穿红色；当你想要在大型场合中展现自信与权威的时候，可以让红色单品助你一臂之力。

① 在红色中加入少量的黄色，会使其热性强盛，趋于躁动、不安。

② 在红色中加入少量的蓝色，会使其热性减弱，趋于文雅、柔和。

③ 在红色中加入少量的黑色，会使其性格变得沉稳，趋于厚重、朴实。

④ 在红色中加入少量的白色，会使其性格变得温柔，趋于含蓄、羞涩、娇嫩。粉红色象征温柔、甜美、浪漫，没有压力，可以软化攻击、安抚浮躁。当你要和女性谈公事、提案，或者需要源源不断的创意、安慰别人、从事咨询工作时，粉红色都是很好的选择。

在需要展现权威的场合，不宜穿大面积的粉红色，并且需要与其他比较具有权威感的色彩做搭配。比粉红色更深一点的桃红色则象征着女性化

粉红色服饰

的热情，比起粉红色的浪漫，桃红色是更为洒脱、大方的色彩。而桃红色的艳丽则很容易把人淹没，也不宜大面积使用。

（2）黄色。代表五行中的土，处于中央，黄色是大地的本色，在中国黄色一直被当作"尊色"，在汉武帝时黄色成为帝王色。传说中的天马也是黄色的，叫"飞黄"。京剧中黄色脸谱是足智多谋和干练的象征，代表勇敢、凶猛的人物，如宇文成都。黄色是佛教信奉和崇敬的色彩。

黄色象征明快、活泼、希望、光明、信心、聪明。黄色给人性格冷漠、高傲、敏感的感觉，具有扩张和不安宁的视觉印象。黄色是明度极高的颜色，能刺激大脑中与焦虑有关的区域，具有警告的效果，所以雨具、雨衣多半是黄色。黄色也适合在快乐的场合穿着，譬如生日会、同学会；同时也适合在希望引起人注意时穿着。

黄色是各种色彩中最为娇气的一种颜色。只要在纯黄色中混入少量的其他色，其色相感和色性格均会发生较大程度的变化。

① 在黄色中加入少量的蓝色，会使其转化为一种鲜嫩的绿色。其高傲的性格也随之消失，趋于一种平和、柔润的感觉。

黄色服饰

② 在黄色中加入少量的红色，则具有明显的橙色感觉，其性格也会从冷漠、高傲转化为一种有分寸感的热情、温暖。

③ 在黄色中加入少量的黑色，其色感和色性变化最大，成为一种具有明显橄榄绿的复色印象。其色性也变得成熟、随和。

④ 在黄色中加入少量的白色，其色感变得柔和，其性格中的冷漠、高傲被淡化，趋于含蓄，易于接近。淡黄色显得天真、浪漫、娇嫩。

（3）蓝色。是灵性和知性兼具的色彩，在色彩心理学的测试中发现几乎没有人对蓝色反感。蓝色的色感冷静，性格朴实而内向，是一种有助于人头脑冷静的颜色。蓝色象征权威、保守、中规中矩与务实，象征无限、理想、永恒、理智、冷淡、薄情。如果在蓝色中分别加入少量的红、黄、黑、橙、白等色，都不会对蓝色的性格构成较明显的影响力。

① 天蓝色系：年轻而有朝气，沉静、冷淡、理智；

② 群青色：深邃柔和，仁慈、善良，平民化；

③ 深蓝色系：高尚文雅，保守谨慎，诚实、信赖与权威。

蓝色在美术设计上，是应用度最广的颜色；在穿着上，同样也是最没

蓝色服饰

有禁忌的颜色。只要是适合你皮肤色彩属性的蓝色，并且搭配得宜，都可以放心穿着。想要使心情平静、需要思考、与人谈判或协商、想要对方听你讲话时，都可穿蓝色。

（4）清浊暗。同样的一种颜色，它们的饱和度和明度不一样，就造成了不同的视觉感觉和心理的不同联想。清色是纯色里面加了白色，夏天穿清色的服装会让人感觉特别凉爽、舒服。清色有膨胀、前进的感觉。浊色可以显得人特别优雅，这个"浊"从字面上来看好像是贬义，但是在穿着方面选择浊调子的人实际上是最有审美品位的。在任何一种有彩色、任何一种纯色里面加了灰色的都是属于浊的，这个浊调子对于东方人的肤色是非常好的一种搭配色。肤色越不好，越应该选择浊色，而且在浊里面再偏一点暖就更能起到调和肤色的作用。暗色是在纯色里面加了黑色。暗色有收缩、后退的感觉。

生活中，体胖者应避免穿着鲜艳色、浅亮色、大花图案和闪光面料的服饰。体态胖的人穿浊色、暗色服装能显得苗条些。所以我们应该在有彩色系中选择既能表现出对色彩的一种欣赏，又能表现出一种收缩感，不要用纯粹的黑来收缩自己，我们可以把自己搭配得非常阳光、非常明朗、非常让人赏心悦目，同时又能够弥补自己体态中一些不和谐的地方。

不同色彩饱合度的服饰

三、色彩的冷暖

冷色　　　　　　　　　　　　　　暖色

我们看到青、绿、蓝一类色彩时常联想到冰、雪、海洋、蓝天，产生寒冷的心理感受，通常就把这类颜色界定为冷色。看到橙、红、暖黄一类色彩，就想到温暖的阳光、火、夏天而产生温热的心理效应，故将这一类颜色称为暖色。

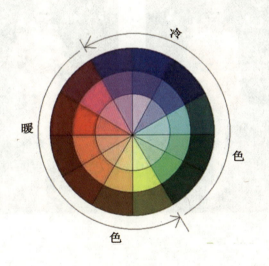

冷暖对比色

色彩的冷暖主要是指色彩结构在色相上呈现出来的总印象。当我们观察物象色彩时，通常把某些颜色称为冷色，把某些颜色称为暖色，这是基于物理、生理、心理以及色彩自身的面貌。这些综合因素，依赖于人的社会生活经验与联想而产生的感受，因此色彩的冷暖定位是一个假定性的概念，只有通过比较才能确定其色性。例如，红色有冷红和暖红，黄色有冷黄和暖黄。

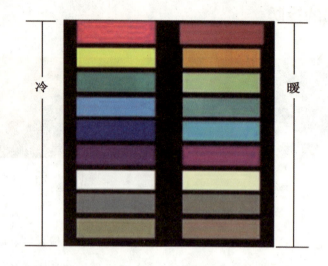

冷、暖的色相排列

<table>
<tr><td align="center">冷</td><td align="center">暖</td></tr>
</table>

四、肤色的分析

我们在穿着和搭配服装的时候，不能丢掉形而只顾色，要把自己的形和色作为原始条件的元素，将这些元素做通盘考虑，做综合的搭配，以达到视觉上的享受，提升自身的审美品位。

我们了解色彩三要素的基本概念之后，更重要的是通过灵活运用来准确判断自己的肤色特征，懂得搭配的人能严格区分自己的喜好色和适合色。要提高运用色彩的能力，首先要给自身的肤色特点做准确的定位。人体本身是有颜色的，只是我们在给自己穿衣服配色时容易忘记这个事实。很多人平时对自己的肤色条件不太了解，服装颜色常常与肤色条件相冲突，盲目地凭自己的爱好和流行趋势来决定服饰色彩。例如有的人喜欢绿色，把绿色服装穿在自己的身上，但肤色却显得灰暗疲惫没有光泽。其实绿色有很多种色彩倾向。你穿黄调的嫩绿色不好看，是因为你是冷色系的人，如果穿蓝调的绿色（如墨绿、清水绿），那将是另一番意想不到的效果，使面部光泽度好，精神焕发。又如，有些人穿深艳的红色可能很漂亮，但穿橘红色或者粉红色则不是那么好看。

每个人在人群中不但有自身的身材比例特征，还具有自己特有的肤色条件特征。肤色是基础，决定你适合的色彩范畴。因为是给自己配色，用来参考的依据当然就是自己的肤色。如果不配就容易给自己带来品位灾难，色彩决定品位。懂得搭配的人会严格区分自己的喜好色与适合色。那么，如何选择适合自己的服装色彩？就需要看明度、色相和纯度。人的肤色也有明度、色相和纯度，我们要依据自身肤色的明度、色相、纯度来作为整体判断的前提条件。

世界上有三个人种：一是欧罗巴人种，就是大家所说的白色肤色和红色肤色的人种；二是尼格罗人种，就是大家所说的黑色肤色的人种；三是蒙古利亚人种，中国人都属于蒙古利亚人种。

中国人肤色的总基调是黄色，但比较一下，大家的肤色明度是不一样的，各有特点：有的人长得白，有的人长得黑。我们平常说的皮肤的白与黑，其实就是皮肤色彩明度的高低不同。

为了方便大家自我判断，我们来做一个归类。肤色明度从高到低可以划分为五种：长得最白的，是高明度肤色；其次是比较白的肤色，为中等明度偏高的；第三种是中等条件的肤色，为中等明度；第四种肤色偏暗

欧罗巴人种　　尼格罗人种　　蒙古利亚人种

三个人种

冷色调的人皮肤透着粉红、蓝青、暗紫红或灰褐色的底色调
暖色调的人皮肤透着象牙白、金黄、褐色或金褐色的底色调

肤色明度的自我判断

的，是中等明度偏低的；第五种最暗的，是低明度的。一般来讲，在有彩色中间，偏于选择纯色、对比色、原色，或者选择冷色的，都是肤色明度高的。皮肤明度高，选择颜色的范围就非常大；皮肤明度特别低的，最好不穿高明度的衣服，如纯白色、淡粉色、鹅黄色，因为明度非常高的服装会反衬出脸的明度低，所以我们在选择服装的时候，自己的肤色就决定了适合的服装的颜色。同一色彩的明度变化包括高明度、中高明度、中等明度、中等明度偏低以及低明度的变化。

　　肤色除了明度不同以外，具体的色相也不一样，肤色里的色相也有冷暖的区别。我们都属于黄色皮肤，但仔细观察一下，黄得都不一样。有的是在黄里面偏白，但白里有青白，也有粉白，那么青为冷色肌肤，粉为暖色肌肤。有的肤色不是很白，也就是低明度，皮肤偏黑里透褐为冷色肌肤，透着橘为暖色肌肤。

面对五彩缤纷的服装色彩，究竟哪一种、哪一类颜色是属于我们自己的呢？首先我们认识了个人的"皮肤色彩属性"，你的"色彩属性"决定着你穿某些颜色是漂亮的，而穿某些颜色不太好看。确切掌握自己的皮肤色彩属性是极为重要的事。无论什么种族，我们把人的肤色特征区分为两大基调——冷色调和暖色调。当然，也有部分人的肤色特征在冷暖色调的区别上不明显，属于混合型的人。欲辨别自己是冷色调还是暖色调肌肤，可以参照以下四种方法。

方法一：站在阳光下，伸出自己的手腕，仔细观察血管颜色。如果血管偏蓝偏紫，那么你的皮肤就是冷色调；如果偏绿偏橄榄色，那么你的皮肤就是暖色的。

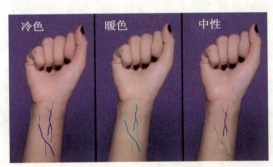

观察手腕辨别肤色冷暖

方法二：戴上银色的首饰（最好是项链），再戴上金色的首饰，比较哪种颜色更适合你。用金或银首饰来判定，金属的光芒能很好地给肌肤补充光泽，从而让人看起来有精气神。如果说你戴银、铂金、白金首饰更衬皮肤，那么你是冷色肌肤；戴金首饰好看则是暖色肌肤。

戴项链辨别肤色冷暖

方法三：看眼睛的颜色。

眼球属于黑色或深棕色，则为冷色调皮肤；眼球颜色偏浅，则为暖色调皮肤。

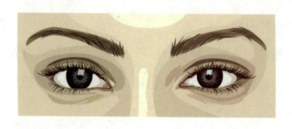

看眼睛辨别肤色冷暖

方法四：你适合纯白色还是乳白色的衣服？

如果纯白色更适合你，那么你是冷色调肌肤；如果乳白色更适合你，那么你是暖色调肌肤。当你白皙到一定程度时，即使有冷暖偏向，也不一定能区别出来，所以具体问题还要具体分析。

根据衣服颜色辨别肤色冷暖

五、服装色彩搭配技巧

对于服装搭配来说，色彩搭配属于比较高阶的层面。掌握服装色彩搭配原理与技巧，能给整体造型锦上添花；但是如果色彩搭配不当，就会有种非常艳俗的感觉。

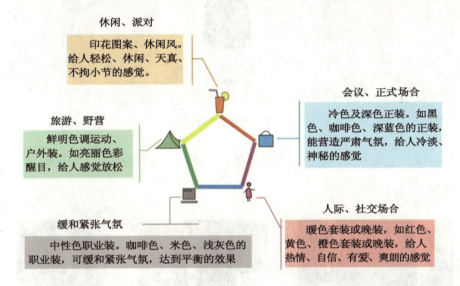

休闲、派对
印花图案、休闲风。给人轻松、休闲、天真、不拘小节的感觉。

旅游、野营
鲜明色调运动、户外装。如亮丽色彩醒目，给人感觉放松

会议、正式场合
冷色及深色正装。如黑色、咖啡色、深蓝色的正装，能营造严肃气氛，给人冷淡、神秘的感觉

缓和紧张气氛
中性色职业装。咖啡色、米色、浅灰色的职业装，可缓和紧张气氛，达到平衡的效果

人际、社交场合
暖色套装或晚装，如红色、黄色、橙色套装或晚装，给人热情、自信、有爱、爽朗的感觉

各种场合服装色彩搭配原则

（一）色彩搭配技巧一

（1）暖人暖色，冷人冷色。暖色肌肤的人在服装搭配时应选择暖颜色，冷色肌肤的人在服装搭配时宜选择冷颜色。

利用冷、暖色搭配服装

（2）上下同色。适合各种体型，是显高的搭配。

上下同色的服装色彩搭配

（3）上深下浅。适合 Y 形的体型，以修饰上半身的宽部，与下半身相协调。

上深下浅的服装色彩搭配

（4）上浅下深。适合 A 形的体型，以修饰下半身的宽部，与上半身相协调。

上浅下深的服装色彩搭配

（二）色彩搭配技巧二

（1）有图案的裙子要配净色上衣或衬衣。

上衣与裙子的色彩搭配

（2）鞋的颜色要与衣服的色彩相协调，上下呼应。

衣服与鞋子的色彩搭配

（3）穿着内外两件套时，色彩最好是同色系或反差大的，这样显瘦。

两件套服装的色彩搭配

（三）色彩搭配技巧三

通常我们要使服饰的色彩搭配协调，原则上就要尽量使得服饰的色彩属于同一色系，这是一种最基本的搭配方法。另外，合理地使用对比，也能彰显你的个性。

在服装色彩搭配中，以色相因素为主最常用的配色有同类色相配、类似色相配、邻近色相配、对比色相配和互补色相配。

同类色相配体现统一，类似色相配体现柔和，邻近色相配体现协调的穿着效果。如果想达到统一、柔和、协调的穿着效果，就使用以上搭配。

同类色服饰的搭配

同类色相配指深浅、明暗不同的两种同一类颜色相配，如墨绿色配浅绿色，咖啡色配米色，深红色配浅红色等。同类色配合出的服装显得柔和文雅。

邻近色相配指两个比较接近的颜色相配，如红色与橙红色或紫红色相配，黄色与草绿色或橙黄色相配等。

对比色不像互补色在色相环中正对着，对比色实际上就是冷色暖色之间互相穿插的搭配。色相环中对着的、斜对着的都叫作对比色。对比色给人跳跃的、明快的感觉。

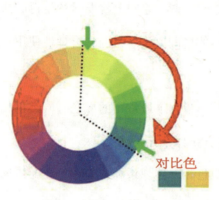

对比色

对比色服饰的搭配

　　对比有两种：一是色彩对比；二是明度对比。服饰上用得比较多的是明度对比，通俗一点讲就是一个颜色深、一个颜色浅。对比大时，显得个性比较张扬；反之则显得个性比较内敛。如果再加上首饰、手袋等的点缀，你的穿着打扮将会变得非常高雅而得体了，所以服装搭配中也一定不能忽视配饰的作用。

　　互补色配色是属于现在比较时尚的配色，互补色配色是配到一种极致了，三原色中的一个原色与另外两个原色混合而成的间色之间的关系，即互为补色。例如，红色是三原色中的一个原色，绿色由另外两个原色黄色和蓝色调和而成，所以它们之间就互为补色。互补色有三对：红色和绿色，蓝色和橙色，黄色和紫色，在日常生活中的使用是非常多的。

互补色

　　比如，在船上使用的救生衣都是橙色的，因为海是蓝色的，在蓝色的衬托下橙色就是最跳跃的。大家肯定想知道，什么样的人适合这些互补色。一般来讲，肤色白一些的、明度高一些的，非常适合互补色。

色彩是我们视觉的感知，长期的视觉经验和感受使我们对不同的色彩产生不同的感觉。所谓色彩的个性、意义以及色彩的情感，就是一些与人的心理需要相关联的心理判断。比如，黑色可能让人联想到夜幕、黑暗、沉默、失望、神秘……灰色可能让人感到肃穆、沮丧、冷静、中庸、随和、孤独、消极……白色象征着纯洁、高尚、朴素、清白、真理、无邪等意义。

不过，这样一些色彩感觉不是绝对的，在不同的环境中，色彩会变换着它们的角色。相比之下，以下视觉心理现象更具有相对不变的性质。

膨胀感和收缩感：明度越高，越具有膨胀感；明度越低，越具有收缩感。

前进感与后退感：明度越高，越具有前进感；明度越低，越具有后退感。

轻与重：明度越高，物体感觉越轻；明度越低，物体感觉越重。

软硬度：明度高的物体显得软；明度低的物体显得硬。

动与静：明度对比强，容易使人感到兴奋，具有动感；明度对比弱，使人感到平静。

六、男人肤色与西装的搭配

西装是现代男士基本的衣着之一，许多男士并不能很好地把握西装的穿着之道。究竟如何穿西装才得体呢？就是要寻找适合你的颜色。其实，男性没有女性对色彩敏感，而服装合理搭配的关键在于色彩的选择。专家们按发色、肤色及眼睛的颜色把男士们分为四类，每一种类型的男士都有相应的适合的色彩搭配，我们不妨参照一下。

（一）深色型

暗色的头发和眼睛，黄色到棕黑色的东方肤色，比较符合中国人的特征。这类人选择深色的西装，对比强烈的色彩搭配更能显得健康有生气。时下流行的鼠灰色以及褐色、深蓝色、深橄榄色西装，都是不错的选择。

深色型

（二）淡色型

如果你面孔白皙，有浅色头发和眼睛，那么穿着色彩不必过深过灰，或采用过渡色衬衫等调节平衡，以免影响面色。穿着单一色或夹灰色条纹的西装会显得优雅，浅蓝色、灰色以及褐色系列都是可选的。

（三）明净型

本身色调对比很强烈，头发、眼睛色彩很深，皮肤却白皙，这种男士适合色彩鲜艳、色调丰富的衣服。单一色或有强烈对比条纹的西装，鼠灰色、藏青色、棕色以及深橄榄色或深绿色都比较适合。

淡色型

明净型

（四）暗色型

这类男士看来比较缺乏特征，头发、眼睛、肤色都比较普遍，但选择中暗色服饰可以体现出优雅气度。可试试中性一些的色调以及带有同色斑点的西装，炭灰色、浅藏蓝色、灰绿色、灰褐色、炭蓝绿色等都可以。

暗色型

　　男士在搭配时注意不必太新潮，除非参加文艺节目或喜欢追潮流。太新潮的装束也许会让女同事们感觉有个性，但必然遭到男同事和上司的反感，因为这样的装束给人叛逆感。虽然现代企业对于人们着装的包容度有所提高，但橙红、苹果绿、粉红色等颜色过于鲜艳的服装给人叛逆的印象，还是保守一点好。如果身材不太好，修身西服就不太合适；如果肩部下溜，还需选择传统厚垫肩；如果脖子较短，别选择小领型。四粒扣已经够新潮了，在比较讲究的环境中，就别想六粒扣那样扎眼的款了。再有，明线口袋虽时尚，但一般只适合比较随意的场合。

新潮的男士服饰搭配

服装有一个最重要的功能就是规范人的行为，它绝不会随着服装时尚化、个性化的盛行而消失。也正是由于它对于人的行为的规范性，才造就了社会的人、现实的人、文化的人。服装的规范性是绝对的，变化是相对的，只是这种规范性的价值取向随着时代的演进发生了变化，服装的规范性只能是与时俱进而不可能消失。我们从以上的分享中已经体会到，这种规范的社会性在男装中体现得尤为突出。在人类文明史上，大概没有一种生活物质能像服装这样与人的关系如此紧密，它是人类为了生存而创造的必不可少的物质条件，又是人类在社会性生存活动中所依赖的、重要的精神表现要素。它与人的身心形成一体，成为人的"第二皮肤"。无论是东方还是西方、古代还是当代，服装的演变直接反映了人类社会的政治变革、经济变化和风尚变迁。这些都是人类文化的展现，我们今天看到的历史上的这些服装反映了当时时代的文明。人类创造了服装，服装也塑造了人类。

我们通过学习色彩来提升我们的审美品位，体现我们的高雅的风度和气质，色彩决定品位。我们了解了人体比例，从而选择适合的服装款式。从 TPO－R 着装中体现一个人的神韵和精神风貌，面料决定档次，领型决定款式，款式决定风格。通过配饰的搭配对整体形象起到画龙点睛的作用，使我们的整体着装能够达到和谐完美的境界，形象决定气质。

面对现代文明的城市生活，我们有很多东西要学习，有很多的习惯、价值观、审美观要改变。尽管我们知道要改变一个人的习惯很难，但我们要坚持从身边的点点滴滴做起，从而影响我们周围的每一个人。人生就是一个不断修饰自我、塑造自我和完善自我的过程。

📃 延伸阅读

[1] 李晓蓉. 服装配色宝 [M]. 北京：化学工业出版社，2011.

[2] 朴松性. 型男 [M]. 钱卓，译. 北京：中国纺织出版社，2013.

[3] 黑玛亚. 我的衣橱经典 [M]. 北京：中国青年出版社，2013.

[4] 普瑟. 穿出影响力 [M]. 张玲，译. 北京：中国纺织出版社，2008.

第 四 章

形象礼仪的仪态表达

哲学家培根有句名言："相貌的美高于色泽的美，而秀雅合适的动作美又高于相貌的美。这是美的精华。"达·芬奇也说："从仪态知觉人的内心世界，把握人的本来面目，往往具有相当的准确性和可靠性。"

形象的表达，除了容貌和服装表达，身体语言更为重要。你的一颦一笑、举手投足，都代表着你的内心的思想动态和对他人的态度。人和人之间交往，他人会通过你的站姿、坐姿、表情、目光、手势等肢体语言，也就是仪态，来判断你是不是他可信、可敬和可亲的人，接下来是否能和你继续交往。

📝 案例导入

近日，台湾省嘉义的陈女士与男友到当地一家火锅店吃饭时，因长发不慎扫到邻座的男子黄某，遭到对方"火锅泼头"，陈女士脸部、颈部多处被烧伤、烫伤。

据媒体报道，事发时，陈女士和男友与黄某相邻而坐。用餐时，陈女士因转身而甩动长发，不慎扫到了黄某。黄某立即说："不卫生！"陈女士不但没有道歉，反而露出很不耐烦的样子。陈女士的表现让黄某心里很不舒服，随后二人爆发争执。黄某拿起火锅直接泼向陈女士，致其受伤。

在生活中的公共场合，如果您是一位有涵养的人，就会知道用什么样的体态语言表达您的礼仪思想。比如，在拥挤的公共汽车上，您不小心踩了他人一脚，对方刚想对您发火，您却给对方一个歉意的微笑，意思是"实在对不起，我不是故意的，请您原谅！"这时，只要对方稍有涵养便会忍，并使怒容消失。可见，一个得体的体态语言，不仅减少纠纷，也同时为你添加了高素质、高涵美的礼仪风采。真可谓"情深意厚知多少，皆在嫣然一笑中"。同样的道理，如果您在用口头语言向人致歉时，不是伴随以微笑，而是阴沉着脸，向对方投去冷漠的目光，那么即使您道歉的语气再谦恭，也很难让人相信您的诚意。失礼必遭人怨，接下来迎接您的肯定是不愉快的场面。体态礼仪的语言色彩由此可见一斑。由于体态举止是种无声语言，那么要想通过体态表达您的思想和对他人的态度，通过举止塑造高雅的形象，就要正确掌握各种礼仪举止的要领以及达到这些礼仪举止最高境界的途径。

仪态，从某种意义上讲，即人体在感情流露和交流中包括表情、姿势、表现的各种姿态，是非语言的交流，也就是我们常说的"身体语言"。

仪态主要包括两个方面的内容：一是面部表情，面部表情指的是眼神和微笑的表达；二是肢体语言，肢体语言指的是肩、腰、臂、腿、足、手等部位的动作，也就是礼仪里规范的站姿、坐姿、走姿、手势等肢体语言。在交际活动中，一切规范、优美的体态语言往往容易赢得人们的信任与喜爱，一切懈怠、粗俗的体态语言往往容易引起人们的抵触与厌恶。在职业场合，仪态美应符合庄重、自然、规范的原则。

第一节　面部表情

美国心理学家登布在《推销员如何了解顾客心理》一文中说："假如顾客的眼睛朝下看，脸转向一边，表示你被拒绝了；假如他的嘴唇放松，笑容自然，下颚向前，则可能会考虑你的提议；假如他对你的眼睛注视几秒钟，嘴角以至鼻翼部位都显出微笑，笑得很轻松，而且很热情，这笔买卖就做成了。"由此可见面部表情在传情达意方面有着重要的作用。

微表情，是一个心理学名词。人们通过做一些表情把内心感受表达给对方看。在人们做的不同表情之间，或是某个表情里，脸部会"泄露"其他的信息。微表情最短可持续1/25秒，虽然一个下意识的表情可能只持续一瞬间，但很容易暴露情绪。当面部在做某个表情时，这些持续时间极短的表情会突然一闪而过，而且有时表达相反的情绪。

表情即面部表情，是指眼睛、嘴巴、鼻子、面部肌肉及其综合运用所反映出的心理活动和情感信息。大体上来说，人的笑容、眼神是表达感情最主要的两个因素。俗话说，"面带三分笑，礼数已先到"。

一、微笑

微笑是世界上最通用的语言，是人类传达感情最好的方式，"此时无声胜有声"。微笑所能起到的作用，也许远远超出你的想象。真诚地微笑，就可能感染身边人，使大家处在愉悦轻松的环境。与人交往中，微笑传递的信息是"见到您我很高兴"，使别人感受到你的热情，从而激发他人的热情。它可以缩短人与人之间的心理距离，为深入沟通与交往创造温馨和谐的氛围。

（一）微笑的类别

微笑有温馨的微笑、会心的微笑和灿烂的微笑，可分为一、二、三度微笑。所谓八颗牙齿晒太阳，露出八颗牙齿最为热情，适用于迎接时的微笑。

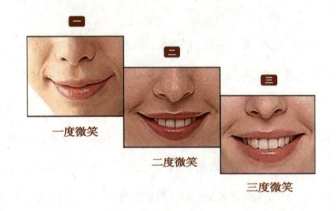

一度微笑

二度微笑

三度微笑

三度式微笑

（二）微笑训练法

1. 微笑的技能要领

第一步：对镜子摆好姿态，说"E"，让嘴的两端朝后缩，微张双唇。

第二步：轻轻浅笑，减弱"E"的程度，这时候能感觉到颧骨被拉向斜后方向。

第三步：相同的动作反复做几次，直到感觉自然为止。

第四步：在走路、说话、工作时都可以随时练习。

2. 微笑的"三结合"

微笑要与眼睛相结合。当你微笑的时候，眼睛也要"微笑"，否则给他人的感觉只能是"皮笑肉不笑"。眼睛的笑容有两种：一是"眼神笑"，二是"眼形笑"。可以这样练习：用一张纸遮住眼睛下边的部位，对着镜子，心里想着最使你高兴的情景。这样，你的整个脸上就会露出自然的微笑。这时候，眼睛周围的肌肉也在微笑的状态，这是"眼形笑"。然后放松面部肌肉，嘴巴也恢复原样，可目光中仍然含笑脉脉，这就是"眼神笑"的境界。学会用眼神与别人交流，这样你的微笑才会更传神、更亲切。

微笑要与正确的身体语言相结合，才会相得益彰，给他人以最佳的形象。微笑也要与语言相结合。要微笑着说"早上好！""您好！"等礼貌用语，而不要光说不笑或光笑不说。

3. 不适合微笑的场景

以下场景不适合微笑：升国旗时；别人生病时；参加丧礼时；别人沉闷时；别人尴尬出洋相时……

二、眼神的训练和场合表达方法

眼睛是心灵的窗户，眼睛如同我们的舌头一样能表达，只是它的优势不需要任何词典，就能被全世界理解，能无国度地表达。目光接触是人与人之间建立思想交流的最基本方式，专注的眼神，关切的眼神，或是愤怒、惊恐、紧张的眼神，都在释放着不同的信号。但是与人交往，要建立良好印象时，需给别人真诚、友善、平等的信号和态度，而善于运用目光的表达是一种信息、一个前奏、一种对进一步交往的邀请。

（一）注视区域

1. 公务凝视区

即以两眼为底线、额中为顶角形成的一个三角区。在公务交谈时，如果你看着对方的这个区域，就会显得严肃认真，对方也会觉得你有诚意；在交谈时，如果你的目光总是落在这个凝视区，你就会把握谈话的主动权和控制权。

2. 社交凝视区

即以两眼为底线、唇心为下顶点所形成的倒三角形区域，通常在社交场所使用这种凝视。当你和他人谈话时注视着对方的这个部位，能给人一种平等而轻松的感觉，营造出一种良好的社交气氛。例如在一些茶话会、舞会和各种友谊聚会的场合中，就适合采用这种凝视。

3. 亲密凝视区

即双眼到胸部之间。这种凝视往往带有亲昵和爱恋的感情色彩，一般在关系亲密的人之间采用这种方式。

  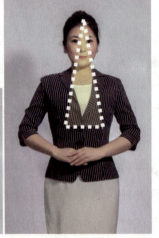

公务交谈时的凝视区　　与同事、熟人交谈时的凝视区　　与亲密朋友交谈时的凝视区

视线向上，表现出　　　视线向下，表现出　　　视线水平，表现出

权威感和优越感　　　　服从与任人摆布　　　　客观和理智

（二）注视时间长短

（1）表示友好。不时注视对方，占全部相处时间的三分之一左右。

（2）表示重视。常常把眼神投向对方，占相处时间的三分之二左右。

（3）表示轻视。眼神游离，注视时间不到相处时间的三分之一。

（4）表示敌意或感兴趣。眼神始终注视对方，注视对方的时间超过相处时间的三分之二。

第二节　仪态及应用场合

案例导入

　　银行职员小韩上门到李先生家里介绍理财产品，并成功地说服了李先生。但是，当谈到具体的办理事宜时，小韩却没注意自己的姿态，歪歪斜斜地站在那里，一只脚不停地点地，好像在打拍子一样。

　　李先生觉得小韩在表示不耐烦和催促，于是就用"下次再说吧"这句话把小韩打发走了，最终订单没谈成。小韩因为自己不雅的站姿导致交易失败。

以上案例分析站姿能表现出一个人的风度和气质。但是很多人对站姿等身体语言不以为意，在社会交往过程中出现的东倚西靠、身躯歪斜、低头、弓背、弯腰、晃动身体等行为不仅影响你的个人形象，还会对你的工作和生活不利。

一、站姿

站姿是人的一种本能，是一个人站立的姿势。它是人们平时所采用的一种静态的身体造型，同时又是其他动态身体造型的基础和起点。常言道，"站如松，坐如钟"。这是中国传统的关于形象的标准。人们在描述一个人生机勃勃充满活力的时候，经常使用"身姿挺拔"这类词语。站姿是衡量一个人外表乃至精神的重要标准。优美的站姿是保持良好体型的秘诀。从一个人的站姿，可以看出他的精神状态、品质、修养及健康状况。

站姿无论是在社交场合，还是在日常交往中，都是一种最基本的举止。站立是静态造型的姿态，是优美仪态的起点。优美的仪态在于站姿的优美。

（一）标准站姿基本要求

标准的站姿给人以挺拔、精神饱满的感觉。男士"站如松"，刚毅洒脱；女士秀雅优美，亭亭玉立。

标准站姿

标准站姿的首要一点就是抬头挺胸，下颌微收，双目平视前方，双肩放松向后展并向下压。这个时候双臂可以放松，两手自然下垂于体侧，手指自然弯曲，两腿要并拢立直。男性可两脚分开与肩同宽，也可以脚尖分开45°~60°，呈 V 字形；女性双膝和双脚靠紧。

身体的重心应该放在两脚中间，重心线应在两腿中间向上穿过脊柱及头部。站立谈话时间较长时，可以一腿支撑，即重心偏移到左脚或右脚上，但上身始终要保持挺直。

（二）女士站姿

女士要想使自己具有优雅迷人的站姿，关键要让自己的双脚、双膝、双手、胸部和下颌等五个部位都处于最佳的位置。并字站式：双脚应靠拢在一起。丁字站式：两脚一前一后，前一只脚的脚跟轻轻地靠近后一只脚的脚弓，将重心集中于后一只脚上，切勿两脚分开甚至呈平行状，也不要将重心均匀地分配在两只腿上。无论处于哪一种场合，双膝都应当有意识地靠拢。这样的话，方能确保双腿自上而下地全方位并拢，并使髋部自然上提。

错误的站姿（叉腰、抱手、驼背、腹部外凸）

站立时应平肩、直颈，下颌微向后收，两眼平视。双手自然下垂，手臂自然弯曲，双腿要直，膝盖放松，大腿稍收紧。双脚并齐，两脚跟、脚尖并拢，身体重心落于前脚掌上。

女士站姿侧面图

垂放站姿

　　垂放站姿动作要领：双臂自然下垂，双手中指分别放于裤缝或裙缝处，手指自然放松。

前上区搭手位站姿

前上区搭手位站姿动作要领：双手四指并拢交叉，拇指放于手心处，搭放在腹上部。

前中区搭手位站姿

前中区搭手位站姿动作要领：双手四指并拢交叉，拇指放于手心处，搭放在腹中部。

前下区搭手位站姿

前下区搭手位站姿动作要领：双手四指并拢交叉，拇指放于手心处，搭放在腹下部。

（三）男士站姿

男士站立时，应将身体重心放在两只脚上，头要正，颈要直，抬头平视，挺胸收腹不斜肩，两臂自然下垂，从头到脚成一条线。双脚可微微分开，但最多与肩同宽。站累时可向后挪半步，但上体仍需保持挺直。这种站姿从外观上看有如挺拔的青松，显得刚毅端庄，精神饱满。

平行式站姿

V 字步站姿

（四）站立注意事项

（1）站立时，切忌东倒西歪、无精打采，懒散地倚靠在墙上、桌子上。

（2）不要低着头、歪着脖子，也不要含胸、端肩、驼背。

（3）不要将身体的重心明显地移到一侧，只用一条腿支撑着身体。

（4）身体不要下意识地做小动作。

（5）在正式场合，不要将手叉在裤袋里面，切忌双手交叉抱在胸前或是双手叉腰。

（6）男子双脚左右开立时，注意两脚之间的距离不可过大，不要挺腹翘臀。

（7）不要两腿交叉站立。

二、坐姿

俗话说，"站有站相，坐有坐相"。坐姿包括就座的姿势和坐定的姿势。坐定姿势的基本要领：上体自然挺直，头正，表情自然亲切，目光柔和平视，嘴微闭，两肩平正放松，两臂自然弯曲放在膝上（也可以放在椅子或沙发扶手上），掌心向下，两脚平落地面。

入座时要轻而缓，走到座位面前转身，轻稳地坐下，不应发出嘈杂的声音。坐下后，上身保持挺直，头部端正，目光平视前方或交谈对象，腰背稍靠椅背。在正式场合，或有位尊者在座时，不能坐满座位，一般只坐座位的三分之二。两手掌心向下，叠放在两腿之上。两腿自然弯曲，小腿与地面基本垂直，两脚平落地面。两膝间的距离，男子以松开一拳或两拳为宜，女子则并拢双膝。在非正式场合，允许坐定后双腿叠放或斜放、交叉叠放时，力求做到膝部以上并拢。具体细节如下。

（1）入座要轻而稳，女士着裙装要先轻拢裙摆，而后入座。

（2）面带笑容，双目平视，嘴唇微闭，微收下颌。

（3）双肩平正放松，两臂自然弯曲放在膝上，也可放在椅子或沙发扶手上。

（4）立腰、挺胸，上体自然挺直。

（5）双膝自然并拢，双腿正放或侧放。

（6）至多坐满椅子的三分之二，脊背轻靠椅背。

（7）起立时，右脚向后收半步而后起立。

（8）谈话时，可以侧坐，此时上体与腿同时转向一侧。

1   2   3

4   5   6

7

男士入座步骤及坐姿

1   2   3

4   5   6

7

女士入座步骤及坐姿

　　无论哪一种坐姿，都要自然放松，面带微笑。在社交场合，不可仰头靠在座位背上或低着头注视地面；身体不可前俯后仰，或歪向一侧；双手不应有多余的动作；双腿不宜敞开过大，也不要把小腿搁在大腿上，更不要把两腿直伸开去，或反复不断地抖动。否则，都是缺乏教养和傲慢的表现。

双腿并拢（适用于女性）

垂腿开膝式（适用于男性）

前后式（适用于服务工作者的坐姿）　　　坐式（适合与上级见面汇报时）

斜侧式（适用于一般公务场合会客交谈时）

重叠式（适用于一般场合，
如交谈会客时）　　　　　交叉式（适用于穿短裙时）

三、走姿

中国有句古话叫"站如松，坐如钟，行如风"，说明了走姿的重要性。走姿最能体现一个人的心情、态度和修养。它是站姿的延续性动作，也是一个人气质的体现。

（一）基本要求

走姿的基本要求是走得正确而自然，优雅有风度，轻捷有节奏，能反映出积极向上的精神状态。

在行走时，上身基本保持站立的标准姿势，挺胸收腹，腰背笔直；两臂以身体为中心，前后自然摆。前摆约35°，后摆约15°，手掌朝向体内；起步时，身子稍向前倾，重心落在前脚掌，膝盖伸直；脚尖向正前方伸出，双目平视，收颌，表情自然平和。

（二）女性走姿

1. 要点

女士要步履轻捷优雅，步伐适中，不快不慢，展现出温柔、矫健的阴柔之美。

2. 速度

女士的步幅一般在 30 厘米左右，每分钟 118～120 步，可根据所穿鞋的鞋跟高度来适当调整。

3. 要领

女士常见的走姿是一字步。一字步走姿的要领是：行走时两脚内侧在一条直线上，两膝内侧相碰，收腰提臀，肩外展，头正颈直，微收下颌。

女士走姿

（三）男性走姿

1. 要点

男士要步履雄健有力，不慌不忙，展现雄姿英发、英武刚健的阳刚之美。

2. 速度

男士的步幅一般在 50 厘米左右，每分钟 108～118 步。

3. 要领

男士常见的走姿是"平行步"。其要领是双脚各踏出一条直线，使之平行，步伐快而不乱。与女士通行时，男士步子应与女士保持一致。

男士走姿

（四）行走的训练方法

1. 要练习腰部力量

行走属于动态美，是全身协调性运动，其中腰部的控制力又是至关重要的。练习时，双手固定于腰部，脚背绷直，踮脚正步行走。不需要额外找场地、找时间，在家中随时都可以练习。

2. 良好的身姿还体现在背部

脊背是行进中最美妙的音符，因此要练习脊背和脖颈的优雅。头顶上放一本书走路，保持脊背伸展，头正、颈直、目平。起步行走时，身体略前倾，身体的重心始终落于行进在前边的脚掌上，前边的脚落地、后边的脚离地的瞬间，膝盖要伸直，脚落下时再放松。

3. 要练习脚步，内八字和外八字绝对是不可取的

在地上画一条直线或利用地板的缝隙练习，两脚内缘的着力点力求落在直线两侧，通过不断地练习，保持好行走的轨迹和稳定性。

4. 要进行全身的协调性训练

要使行走中身体的每一个部分都能呈现出律动之美。步伐要矫健、轻盈，富有稳定的节奏感。

（五）行走礼仪

如果是两个人一起行走，行走的规则是以右为尊、以前为尊。

如果三人同行，以中间的位置为尊，右边次之，然后是左边。

如果在室外行走，应该请受尊重的人走在马路的里侧。如果道路比较拥挤狭窄，应该注意观察周围情形，照顾好同行的人。同时要保持良好的仪态，不能因为在户外就左顾右盼、四处张望或是推推搡搡、拉拉扯扯。不论多么熟悉的同事和客户，在大庭广众之下应保持职业人士的端庄仪态，不可勾肩搭背或手牵手行走。

在道路上行走时，不能三人以上并排，这样会妨碍其他行人和车辆通行，同时也是不安全的做法。

（六）走姿注意事项

（1）要注意手臂的摆动，千万不能夹着手臂走动。用小臂带动大臂自然摆动，幅度大概是前摆向里折 35°，后摆向后约 15°。摆动手臂的时候，肩膀不要摇晃。不能把手抱在胸前或是倒背着双手走路。

（2）走路的时候要抬脚，脚步拖拉在地上是一种很消极的身体语言。如果在工作场合，这种消沉的姿态很容易传导给同事或客户不良的感觉，使大家不愿意接近你。同时也不能低着头或是耷拉着眼皮走路，这同样不是一种积极的感觉。

（3）走路时要因场地而及时调整脚步的轻重缓急，不能把地板踩得"咚咚"作响。无论遇到多么紧急的事情，也不能体现在脚步的重量上，可以加快步伐频率。

四、手势

手势作为肢体语言的一种，是仪态的重要组成部分，是人们交往时不可缺少的动作，是最有表现力的一种"体态语言"，要正确使用手势。手的魅力并不亚于眼睛，甚至可以说手就是人的"第二双眼睛"。

（一）常用八种手势

1. 横摆式手势

引导客人时，接待人员要言行并举，首先轻声地对客人说"您请"，然后可采用"横摆式"手势，五指伸直并拢，手掌自然伸直，手心向上，肘作弯曲，腕低于肘。以肘关节为轴，手从腹前抬起向右摆动至身体右前方，不要将手臂摆至体侧或身后，头部和上身微向伸出手的一侧倾斜，另一只手放在体侧或放在背后，目视宾客，面带微笑。

2. 前摆式手势

如果右手拿着东西或扶着门，这时要向宾客做向右"请"的手势时，可以用前摆式，五指并拢，手掌伸直，从身体一侧由下向上抬起，以肩关节为轴，手臂稍曲，到腰的高度再由身前向右方摆去，摆到距身体5厘米，并不超过躯干的位置时停止。目视来宾，面带微笑，也可双手前摆。

前摆式手势

3. 直臂式手势

为客人指引方向时，可采用"直臂式"手势，五指伸直并拢，手心斜向上，曲肘由腹前抬起，向应到的方向摆去，摆到肩的高度时停止，肘关节基本伸直。注意：在指引方向时，身体要侧向来宾，眼睛要兼顾所指方向和来宾。

直臂式手势

4. 斜摆式手势

接待来宾并请其入座时采用"斜摆式"手势，即用双手扶椅背将椅子拉出，然后左手或右手屈臂由前侧抬起，以肘关节为轴，前臂由上向下摆动，使手臂向下呈一斜线，表示请来宾入座。

斜摆式手势

5. 双臂横摆式手势

当来宾较多时，表示"请"可以动作大一些，采用双臂横摆式。两臂从身体两侧向前上方抬起，两肘微曲，向两侧摆出。指向前方一侧的臂应抬高、伸直一些，另一只手稍低一些、曲一些。

6. 举手致意

举手致意时，要面向对方，手臂上伸、掌心向外，切勿乱摆。

举手致意

7. 挥手道别

挥手道别时，要做到身体站直，目视对方，手臂前伸，掌心向外，左右挥动。

8. 递接物品

递接物品时，双手为宜（至少用右手），递至对方手中，主动上前（主动走近接物者，坐着时应站立），方便接拿。

递接物品

📋 延伸阅读

［1］鲍日新. 社交形象与礼仪［M］. 上海：上海浦江教育出版社，2012.

［2］李科凤，宋延军. 商务形象塑造与礼仪［M］. 北京：清华大学出版社，2013.

后　记

随着社会的不断发展，人们的生活水平得到提高，最直观体现在人们形象的变化上。由保守到开放，由传统到现代，人们在日常生活和工作中，越来越注重个人形象，每个人都希望以良好的个人形象展示在公众面前。穿衣打扮就像使用电脑一样，已经成为人们生活中必备的技能，我们应当通过对自我形象的设计，更好地表现自己的职业素养、文化修养、审美品位，更好地展现自己富有魅力的个性形象。

《形象礼仪》在大家的期盼和帮助下应运而生。特别感谢袁涤非教授对我的信任与支持，才让这本书得以在这么短的时间内展示出来。感谢普兰尼奥男装品牌、15小时女装品牌为本书提供模特图片。本书从起笔到收笔，历时半年时间，虽然很辛苦，但也有享受成就的幸福感。我把自己历年来讲课的内容重新梳理了一番，如果说我以前讲的课是一颗颗美丽的珍珠，那么这本书就像一根丝线，把我历年来所讲的内容连接起来，形成真正意义上实用的课程。本书秉承"实用，实用，再实用"的主旨思想，对形象礼仪进行了全面梳理和归纳，从仪容形象、仪表形象、仪态形象出发，进行系统阐述，用深入浅出的知识点，生动典型的案例、图片和短视频，图文并茂地道出了形象礼仪的重要性和实用性。

本书适合渴望提升自我形象的读者阅读，是塑造个人良好形象的捷径，真心希望帮助更多朋友懂得适时、适色、适型着装，找准自己的脸型、体型的定位，扬长避短，根据自身的特点打造自己专属的形象，从而展现最自信、最美丽的自己。

编著者
2018 年 4 月